※数字ケーキは全て本書に登場するお菓子を応用しています。

さあ、お菓子づくりをはじめましょう。

『くろねこ軒の焼き菓子 Recette』に続くこの本を手に取ってくださってありがとうございます。

この本は、東京・国分寺のショーケースのない小さなお菓子工房くろねこ軒のとびきり美味しいお菓子のレシピ集です。
くろねこ軒らしいBASICなお菓子とSPECIALな応用編を集めた本になりました。
「こんな面倒なお菓子、とても出来ない!」と頁を閉じないでください。
何工程もあるレシピでも、難易度が高いものはありません。
ひとつひとつを積み重ねていけばちゃんと出来上がる、そんなお菓子ばかりです。
応用編のお菓子たちはちょっとびっくりしてほしい、お菓子でこんなものを作れるの⁉ を形にしました。
本来、お菓子づくりはとても楽しいもの。
1回でうまくいかなかったとしても、失敗と仲良くし、経験を積んでください。
思い描いたお菓子を作る喜びも、出来た時の達成感も、もちろん味わう幸せも、作らなければ味わえない。

さあ、イマジネーションを働かせ、アイデアと情熱を持ってお菓子づくりをはじめましょう。

contents

はじめに ……………………………………… 2

お菓子を作りはじめる前に ………………… 6
お菓子の用語集 ……………………………… 7

材料のこと …………………………………… 8
道具のこと …………………………………… 10
お菓子づくりのコツ《混ぜる》 …………… 12
　　　　　　　　　《泡立てる》・コルネの作り方 … 14
型紙集 ………………………………………… 15

1 Génoise

ジェノワーズのお菓子 ……………………… 16
column ジェノワーズのこと ……………… 21

基本のレシピ　ジェノワーズ ……………… 22

こどものショートケーキ …………………… 24
大人のショートケーキ ……………………… 28
チョコレートロールケーキ ………………… 34
フルーツショートケーキ …………………… 40
桃のロールケーキ …………………………… 46

2 Mousse

ムースのお菓子 ……………………………… 50
column ムースのこと ……………………… 55

基本のレシピ　バニラムース（スフレ仕立て）… 56

2種のチョコレートムース ………………… 58
キャラメルとチョコレートのムース ……… 62
はちみつのムース …………………………… 66
いちごのシャルロット ……………………… 70
抹茶のシャルロット ………………………… 76

3 Crème au beurre

クレーム・オ・ブールのお菓子 …………… 82
column クレーム・オ・ブールのこと …… 85

基本のレシピ　3種のクレーム・オ・ブール … 86

バラのカップケーキ ………………………… 90
フランクフルタークランツ ………………… 94
マスコットプラリネ ………………………… 100

4
chou à la crème

シューのお菓子 …………………… 106
column シュー・ア・ラ・クレームのこと …111

基本のレシピ　シュー・ア・ラ・クレーム …112

サブレのせシュー・ア・ラ・クレーム …116
スワン …………………………… 120
プロフィットロール ……………… 124
ルリジューズ …………………… 128

5
Macaron

マカロンのお菓子 ………………… 132
column マカロンのこと …………… 133

基本のレシピ　マカロン ………… 134

リース …………………………… 136

5つのお菓子の応用編 ……… 140
ハリネズミ ………………… 144
クッション ………………… 148
プードル …………………… 150
猫 …………………………… 152
金目鯛 ……………………… 154
毒キノコ …………………… 156

くろねこ軒のこと　159
くろねこ軒のあしあと …………… 160
お菓子教室のこと ………………… 168
オーダーメイドのこと …………… 170
お菓子記録ノート ………………… 172
オーダー・ショップについて …… 174
おわりに …………………………… 175

お菓子を作りはじめる前に

・材料を計ったら、材料名の横に赤字で記載されている下準備を、作る順番に合わせてタイミングよく行いましょう。

  ・室温に戻すバターは柔らかくしすぎないで戻ったらすぐに使ってください。
  ・冬はバターが室温に戻りにくいのでオーブンの発酵機能や暖かい場所に置くなど、工夫してください。
  ・ゼラチンは戻すのに時間がかかるので忘れずに準備してください。
  ・本書での室温は 25℃前後です。夏は板ゼラチンを常温で戻すと溶けてしまうので、氷水で戻してください。

・卵は基本的にLサイズを使用しています。gに換算すると、全卵は 60g、卵黄は 18 〜 20g、卵白は 38 〜 40g です。
 g 数を記載しているページは g 数で計量してください。

・小鍋を使って材料を温める場合はレンジでも代用可です。

・ガナッシュなどの例外を除き、生クリームを泡立てる際は必ず氷水にあてながら作業してください。

・本書で使用しているオーブンは家庭用ガスオーブンです。天板は 24 × 28cm のものを使用しています。

・焼きムラを防ぐために、生地をオーブンに入れたら途中で天板の上下・前後を入れ替えてください。

・記載されている温度や焼き時間はあくまで目安です。電気オーブンとガスオーブンでも焼成時間、温度
 はかなり変わりますし、一台一台癖が違うので、自宅のオーブンで一番良い焼き上がりの時間や温度を
 自分の目で見極めましょう。

お菓子の用語集

ジェノワーズ
【Génoise(仏)】
全卵と砂糖を泡立てて作る共立てスポンジのこと。

ビスキュイ
【Biscuit(仏)】
卵黄、卵白を別立てで作る生地のこと。ムースなどと組み合わせて使うことが多い。

アントルメ
【Entremets(仏)】
洋菓子の業界ではホールケーキ(切り分ける前のケーキ)のことを指す。菓子職人が作る食後のデザートという意味もあり、反対語としてカットしたケーキのことはプティ・ガトーと呼ぶ。

クレーム・シャンティー(シャンティークリーム)
【Crème chantilly(仏)】
生クリームに砂糖を入れ、泡立てて作るクリームのこと。日本語ではホイップクリームと呼ばれる。

ガナッシュ
【Ganache(仏)】
溶かしたチョコレートに生クリームなどを混ぜ合わせて作る口どけのよいチョコレートクリームのこと。

ナパージュ
【Nappage(仏)】
ケーキなどの表面にツヤを出すために塗るゼリーなどを指す。表面を美しく見せるほか、乾燥の防止にも有効。

クレーム・パティシエール
【Crème pâtissière(仏)】
牛乳と卵黄、砂糖、薄力粉、コーンスターチなどに火を入れて作るクリーム。日本語ではカスタードクリームと呼ばれる。

クレーム・ディプロマット
【Crème diplomate(仏)】
シュークリームに使われるクリームとして一般的。カスタード(クレーム・パティシエール)とホイップクリーム(クレーム・シャンティー)を合わせたもの。

クレーム・オ・ブール
【Crème au beurre(仏)】
バタークリームのこと。本書ではパータ・ボンブベース、イタリアンメレンゲベース、アングレーズソースベースの3種類を紹介。発酵無塩バターと普通の無塩バターを合わせて使うとより濃厚な味わいになる。

パータ
【Pâte(仏)】
生地のことを指す。スポンジ生地、シュー生地、パイ生地など全ての生地の総称。

ピケ
【Piquer(仏)】
タルトなどを作る時、フォークなどで生地に小さな穴を開ける工程のこと。

ヴィーナーマッセ
【Wienermasse(独)】
ドイツ語で「ウィーン風のスポンジ」という意味。生地にコーンスターチなどを入れ、軽い生地にするのが特徴。

クロカント
【Krokant(独)】
ナッツなどを、砂糖やカラメルなどと炒めて作る香ばしいお菓子のこと。カリカリとした食感。

マカロナージュ
【Macaronage(仏)】
マカロンを作る時の工程を指す。混ぜ合わせたマカロン生地をカードを使って押し広げ、メレンゲの気泡を潰すことで表面にツヤが出る。マカロンの下部に出来る膨らんだ部分のことは「ピエ」という。フランス語で「足」の意。

アマンドショコラ
【Amandes au chocolat(仏)】
キャラメルがけしたアーモンドにチョコレートを絡めてココアをまぶしたもの。本書では応用編のハリネズミで使用。

マジパン
【Pâte d'amande(仏)他】
砂糖とアーモンドを練り合わせて作る生地のこと。国によってはマルチパンとも呼ばれる。着色して、ケーキの上にのせる飾りなどを作ることが多い。

7

材料のこと

くろねこ軒で使用している材料のほとんどは、富澤商店（https://tomiz.com）で入手可能です。家庭サイズの少量で買うことが出来、種類も豊富で発送も迅速です。そのほか、卵は福島屋（https://fukushimaya.net）、果物はできるだけ農薬使用の少ない旬のものを地元の国分寺周辺で購入し、手に入らないものは農産地から送ってもらっています。作っている自分が安心して食べることが出来る材料を基準に選んでいます。

9つの基本の材料

1
タブレットチョコレート

クーベルチュールチョコレートを選んでください。コイン・タブレット型が刻む手間がなく便利です。この本のチョコレートムースにはスイートチョコレート→ヴァローナ社のカラク、ミルクチョコレート→タナリヴァラクテを使用しています。飾りの削りチョコレートは板チョコレート状のものを削ります。

2
砂糖

本書では主にグラニュー糖と粉糖を使用しています。お菓子の生地に使う粉糖は、混ぜ物のないものを使ってください。飾り用には溶けない粉糖を使用しています。なければ生地用の粉糖で代用してください。

3
薄力粉

本書の厚焼きジェノワーズとビスキュイにはドルチェ、薄焼きジェノワーズにはスーパーバイオレットか特宝笠を使用しています。粉の劣化は大きな失敗の原因となります。新鮮なうちに使い切ることが大切です。

4
バニラビーンズ

バニラペーストでも代用できます。高価な材料ですが、使用後のさやをよく洗って乾かしてグラニュー糖に入れておくとバニラシュガーになりますし、その後はミルで挽くとバニラパウダーとなり、無駄なく使えます。

5
バター

本書では基本的に食塩不使用(無塩)のバターを使用。酸化しやすいので低温冷蔵、または冷凍保存がおすすめです。クレーム・オ・ブールは半量を発酵無塩バターにするとバターの香りの濃いクレームになります。

6
卵

非遺伝子組換えの飼料使用の卵を使っています。基本はLサイズで全卵1個約60g、卵黄18～20g、卵白38～40gです。

7
牛乳・生クリーム

非遺伝子組換え飼料、ノンホモミルクやジャージーミルクを使用しています。本書のレシピの生クリームは純乳脂の37%、42%、47%のものを使い分けています。材料に特に指定のないものはどの%のものでもかまいません。

8
ゼラチン

本書では、板ゼラチン(リーフゼラチンゴールド)を使用しています。使う前に水(夏は氷水)につけて戻しておき、加える時にしっかり水気をとりましょう。粉ゼラチンで代用も可。粉ゼラチンの場合は使用量の5倍の水に振り入れて混ぜ、15分以上置いてから使用してください。ゼラチンはメーカーによって凝固力が違います。レシピ通り作って固まらなかった場合は冷蔵時間を延ばしてください。それでもゆるい場合、量を1.2倍以上増やしてみてください。

9
コーティングチョコレート

テンパリング不要でツヤ良く固まるチョコレート。本書では、飾りの葉に使用しています。もちろんテンパリングしたクーベルチュールチョコレートでも作れます。

道具のこと

1 ハンドミキサー
羽根が大きいものがパワーがあり、手早く泡立てられておすすめ。卵黄、卵白と続けて泡立てることが多いので、替えの羽根があると作業がとてもスムーズになります。替えの羽根はほとんどの場合、別売りで買うことができます。

2 ボウル
バターを練ったり泡立てる時、直径18〜21cmのサイズが使いやすいです。家庭でのお菓子づくりに意外と便利なのが直径12cmほどの小さなボウル。少量の泡立ては小さいボウルで行い、他の材料と合わせる時に大きめのボウルに移します。

3 カード・ドレッジ
生地を切り分ける、集める、平らにならすなど、万能に使えるのであるととても便利な道具。

4 泡立て器
バターを練り混ぜるのにはワイヤーの本数が少なめで太いものがおすすめ。すくい混ぜする時にも使います。

5 スパテラ
大小あると便利です。L型のものも1本あると重宝します。

6 鍋
少量のシロップを作る時は直径10cmほどの厚手の鍋が最適。大きな鍋では温度が上がる前に水分が蒸発してしまいます。

7 計量スプーン
大15ml・小5mlを使用。

8 温度計
デジタル、ガラス製どちらでも構いません。ガラス製にはホルダーがあると安全です。

9 刷毛
高温対応のシリコン刷毛が便利です。

10 ゴムベラ
耐熱性シリコンで一体型のものが使いやすいです。

11 木ベラ
ゴムベラよりも浅く混ぜたい時、空気を含まずにゆっくりと混ぜる時に使用します。先細のものが使いやすいです。

12 粉ふるい
粉ふるい兼漉し器として使うには、直径14cmくらいの小さめのものが便利です。

13 めん棒
直径3cm、長さ35cmくらいのものが使いやすいです。

14 回転台
生クリームのデコレーションをする時にあると便利です。プラスチック製もありますが頻繁に使用するのであれば大理石をおすすめします。

15 ケーキ型(リング型)
本書ではフランクフルタークランツ(P.94)に使用。中央があいているので短時間で生地が焼けます。きれいに洗えば冷菓にも使えます。

オーブン

くろねこ軒ではガス高速オーブンと電気オーブンを使っています。一般的に電気オーブンは熱源が小さいので、ガスオーブンの温度プラス10〜30℃高温に設定し、予熱も焼成温度より高めに設定して、早めに予熱をはじめる必要があります。
ガスオーブンはターンテーブルがないことが多いので、途中で天板の上下・前後を入れ替えます。いずれも下火が弱ければ天板ごと加熱したり、上火が強ければホイルやオーブンペーパーでカバーすることが必要不可欠です。マカロンは下火を弱くしたいのでダンボールを天板の下に挟みます。本書の焼成時間・温度などはあくまで目安。ベストな焼き上がりは自分の目と舌で確かめてください。オーブンの癖は1台1台全て違います。自宅のオーブンの癖を知り、作った時の焼成時間・温度などの詳細を記録することが成功への近道です。

16 タルト型
ブリキ製。本来は底が取れるものがよいですが本書のタルトは空焼きで中身は入れないので底が取れなくてもOK。

17 ケーキ型(丸型)
ブリキ製。底が取れるものをおすすめします。

18 ケーキ型(ボウル)
ケーキをドーム型にする際に型として使用します。

19 ゼスター
柑橘類の皮をすりおろす道具。表皮だけ削れるので便利。

20 フードプロセッサー
フルーツピュレ、サブレ生地を作る時にあると便利です。

21 アイスクリームメーカー
短時間でなめらかな口当たりのアイスクリームが作れます。

22 マジパンスティック
マジパン細工に使う道具。なければヘラやナイフ、スプーンなどで代用可。

23 クッキングスケール
本書のお菓子には0.1gまで計れるデジタルスケールを使ってください。

24 ケーキ型(マフィン)
ブリキやステンレス製のものを。プリンカップでも代用可。

25 おろし金
プラスチック、銅、セラミック製など。

26 絞り口金
本書では丸・星・モンブラン口金などを使用。

27 絞り袋
くろねこ軒では繰り返し使えるポリエステル製を使用。口金に合わせて先をカットしてください。

お菓子づくりのコツ 《混ぜる》

お菓子づくりにおいて混ぜ方はとても重要。混ぜ方でお菓子の味は大きく変わります。キメの細かい、口どけの良い生地にするためには、ある程度の回数をしっかりと混ぜる必要があります。フワフワの生地にしたい時はさっくりと少なめの回数で混ぜます。ゴムベラを持ったら大きく動かすことを意識してください。
手順をよく読んで、まず空のボウルとゴムベラ（泡立て器）を使い、手の動きを実際に覚えてから作りはじめましょう。

円に混ぜる

泡立て器の下の方を持ってボウルに垂直に立て、中心から外側に向かってゆっくりと円を描くように動かす。
➡ 泡立て器をボウルの底に軽く押し付けるようにして動かす。

ハンドミキサーの泡立て

ハンドミキサーは羽根がボウルに垂直に立つように持つ。羽根がボウルの側面に軽くあたるくらいに大きく回しながら、ボウルは反対方向に動かす。
➡ キメを整えるなど、用途によって羽根1本にして使うこともある。

返し混ぜ　ゴムベラの面を使う混ぜ方

①ゴムベラをボウルの奥にあてる。

②ゴムベラの下側をボウルの底にあてるようにしながら（生地が左右に分かれボウルの底が見えるように）手前に動かす。

⬆ ゴムベラを持つ手に力を入れすぎると生地をすりつぶし、空気が抜けすぎてしまいます。

③ゴムベラが側面についたら手首を返す。

④生地を内側に落とし、同時に反対の手でボウルを1/6ほど回す。

⑤最後にボウルのまわりの生地をはらい、内側に落とす。

⬅ ゴムベラは常に面を使い、ボウルの縁から縁まで一番長い直径をとってくること。

切り混ぜ　ゴムベラを切るように使う混ぜ方

← ゴムベラはナイフの刃のように縦にして動かす。混ぜる回数は少なめに。

① ゴムベラをナイフを持つように上から持ち、ボウルの中心と縁の真ん中あたりの上部側面にあてる。

② そのままボウルの中心と縁の間を弧を描くように動かし、同時に反対の手で1/6ずつボウルを回す。

③ ①と②を繰り返して3回ほど混ぜたら、ボウルのまわりの生地をはらい、内側に落とす。

すくい混ぜ　泡立て器を使用する気泡をつぶさない混ぜ方

① 泡立て器を底から大きくゆっくりと手前に動かす。

② 泡立て器で手前に向かって生地をすくい上げ、泡立て器の中に入った生地を中心に落とす。

③ ボウルを回しながら①と②を繰り返す。

お菓子づくりのコツ《泡立てる》

生クリーム分立てガイド

生クリームは氷水にあてて泡立てます。

6分立て
軽くとろみがついている。泡立て器ですくうとトロトロと流れ、その跡がすぐに消える。

7分立て
泡立て器ですくうと柔らかいツノは立つが形は保てずに崩れる。

8分立て
泡立て器ですくうと柔らかくツノが立つ。先端がゆっくりおじぎする程度。

9分立て
泡立て器ですくうとピンとしっかりとしたツノが立つ。乳脂肪35%の生クリームは9分立てまで固くは泡立てられません。

メレンゲの泡立て方

OK
ツヤがあってのびがある。先端が少しおじぎをして鳥のくちばし状になる。

NG
分離したメレンゲ。ボソボソしてつながっていない。のびがない状態。

コルネの作り方

コルネは手作りの小さな絞り袋です。右の写真ではわかりやすいように紙を使用していますが、透明の製菓用OPPフィルムが使いやすいです。

＊大きさの目安：20cm×20cmの正方形フィルムを対角線で半分に切った大きさ。

❶ 三角形の直角の真下を基点としてくるりと巻く。

❷ そのまま反対側までしっかりと巻いてセロテープでとめ、先端をハサミで切る。

←正しく作ったコルネは大きな穴から先端を光にかざすと先が閉じている状態。ハサミで先端を切らなければ中身は出てこない。

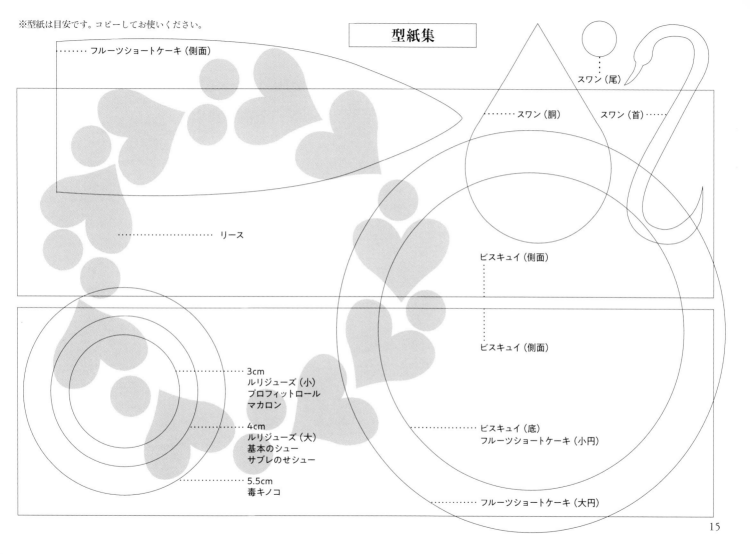

1
ジェノワーズのお菓子
Génoise

こどものショートケーキ
→ P.24

大人のショートケーキ
→ P.28

Génoise

チョコレートロールケーキ
→ P.34

フルーツショートケーキ
→ P.40

桃のロールケーキ
→ P.46

パータ・ジェノワーズは、全卵と砂糖を泡立てて作る共立てスポンジ生地のこと。

この本では、型に入れて厚く焼く「厚焼き」と天板に流して薄く焼く「薄焼き」の2種類をご紹介しています。作り方はよく似ていますが、配合や焼き時間などが違います。同じ「厚焼き」でも日本のショートケーキのようにキメが細かく口どけの良いしっとりとした生地を楽しむお菓子と、フランス菓子に代表される大きな気泡を残したまま焼き縮みがするくらいよく焼き、穴の開いた断面にシロップをたっぷり打つお菓子とでは配合と作り方が変わってきます。お菓子によってレシピが違うのはそういう理由があるのです。

作る時に湯せんにかけて卵と砂糖を温めると、泡立て時間が短くなり、簡単にふんわりとした生地が作れるのですが、ジェノワーズの気泡が大きくなり軽くなりすぎます。そのため、最後にミキサーの羽根を1本にして、大きい気泡を小さく、形を揃えて密にする「キメを整える」という工程が必要となります。今までやったことがないという方は一度やってみると、仕上がった生地のキメ細かさに驚くと思います。

材料の中でも薄力粉はジェノワーズの味を大きく左右する重要な素材です。ジェノワーズには粒子が細かく蛋白量が少ない粉を使うと、ふんわりとした軽く美味しい生地が作れます。

ただ、粉の旨味という点に関しては蛋白量がやや多めの粉を使った方が強く感じられます。プードル（P.150）や猫（P.152）など、形を作っていくケーキは、蛋白量の多い粉を使い固めに焼いた方が作りやすいです。粉の特性を知ることはお菓子づくりにおいてとても大切なポイント。作りたいジェノワーズによって粉を使い分けることができると、お菓子づくりの腕もぐんと上がるはず。ぜひいろいろな粉を試して自分好みのジェノワーズを作ってください。

ジェノワーズができたら終わり、ではなく、生クリームを泡立てたり、ムースを作ったり、デコレーションするという作業になっていくわけですが、慣れないうちは半分に切ってシロップを打ち、クレーム・シャンティーと果物を挟んだだけでも充分かもしれません。

なにはともあれ、まずは美味しいジェノワーズを焼きましょう！

ジェノワーズのこと

Génoise

基本のレシピ　ジェノワーズ

ふわっと膨らんだ柔らかなジェノワーズは永遠のスタンダード。
さまざまなアレンジができる便利な生地です。

材料（直径12cmの丸型1台分）

全卵	86g	室温に戻す
グラニュー糖	50g	
はちみつ	4g	
水飴	4g	
薄力粉	50g	2回ふるう
無塩バター	5g	合わせて湯せん
牛乳	10g	しておく（レンジ可）

型の大きさ　直径12cmの丸型

オーブン　180℃に温めておく
焼き時間　170℃　約30分
下準備
焼き型に紙を敷く

①卵をボウルに入れてほぐし、グラニュー糖、はちみつ、水飴を加えてよく混ぜる。

②①を60〜70℃の湯せんにかける。卵液が40℃になるまで混ぜながら温める。

↓寒い季節は湯せんのままがおすすめです。

③湯せんから外し、白っぽくもったりとするまでハンドミキサー（高速）で泡立てる（生地で描いた線が残るくらいまで）。

↓キメを整える作業。1分かけて1周させる。

④羽根を1本にして低速でⒶ〜Ⓕまで1カ所10秒ずつミキシング。ミキサーを持つ手は動かさず、ボウルを動かす。

⑤ふるっておいた粉をもう一度ふるいながら全て加え、粉気が消えるまでゴムベラで返し混ぜする。

⑥熱いバターと牛乳に⑤をお玉一杯程度入れよく混ぜ、⑤のボウル全体に散らすように戻す。

⑦バターの筋が消えるまで返し混ぜする(30〜40回)。

⑧紙を敷いた型に生地を流し入れ、軽く台に打ちつけ空気を抜いたら170℃のオーブンで約30分焼く。

⑨少し高い位置から型ごと軽く台に落とし、焼き縮みを防ぐ。型から外し、紙も外してケーキクーラーの上で逆さまにして冷ます。冷めたら上下を元に戻す。

↑焼き色がしっかりとついて、中央を手の平で触ると戻ってくるような弾力感があり、竹串をさして生地がついてこなければ焼き上がり。

焼き上がったジェノワーズは密閉容器またはビニール袋に入れて乾かないように保存しましょう。前日に焼いておいてもOKです。
真夏は冷蔵庫で保存してください。

Génoise
こどものショートケーキ

バターと牛乳を加えた後の混ぜる回数で、生地のキメ細かさ・ふんわり感を自在に変えることが出来ます。混ぜる回数が多ければキメが細かく目の詰まった口どけの良い生地に、少なければ気泡が入り軽い生地になります。

作り方	**1** ジェノワーズを作る	**2** シロップを作る	**3** 仕上げ

型の大きさ 直径12cm丸型	**オーブン** 180℃に温めておく **焼き時間** 170℃ 約30分	**下準備** 焼き型に紙を敷く

材料（直径12cm丸型1台分）

1 厚焼きジェノワーズ

全卵 ・・・・・・・・・・・・・86g	室温に戻す
グラニュー糖 ・・・・・・・・・・・50g	
はちみつ ・・・・・・・・・・・・4g	
水飴 ・・・・・・・・・・・・・・4g	
薄力粉 ・・・・・・・・・・・50g	2回ふるう
無塩バター ・・・・・・5g	合わせて湯せん
牛乳 ・・・・・・・・・・10g	しておく（レンジ可）

2 シロップ

グラニュー糖 ・・・・・・・・・・・10g	
水 ・・・・・・・・・・・・・・・10g	
キルシュ※入れなくてもよい ・・・・20g	

3 仕上げ

生クリーム ・・・・・・・・・・・150g	
グラニュー糖 ・・・・・・・・・・・15g	
いちご ・・・・・・・・・・・・・適量	
ラズベリージャム ・・・ 適量	裏漉ししておく

こどものショートケーキ　25

1 ジェノワーズを作る

基本のジェノワーズ(P.22)の作り方でジェノワーズを焼いて冷ましておく。

2 シロップを作る

①小鍋にグラニュー糖と水を入れ火にかける。沸騰したら火を止めよく混ぜ、グラニュー糖を溶かす(レンジ可)。

②冷めたらキルシュを加える。

3 仕上げ

①ジェノワーズ(1)の上の焼き目を薄く切り落とす。

②ジェノワーズを½にスライスする。

③生クリームとグラニュー糖をボウルに入れ、氷水にあてながらハンドミキサーで7分立てまで泡立て、クレーム・シャンティーを作る。

④③のクレーム⅓強を別のボウルに取り分け、氷水にあてて8分立てにする。

⑤②のジェノワーズ2枚の表面にシロップ(2)をまんべんなく打つ。

↓ジェノワーズをのせたらしっかり押さえて水平にする。

⑥シロップを打ったジェノワーズ1枚を回転台にのせ、8分立てにしたクレームの½強をスパテラで広げる。

⑦いちごを洗ってペーパータオルでよく水気をとり、中心部分を避けて⑥の全体に並べる。

⑧8分立てクレームの残りを上にのせ、スパテラで平らに広げる。

⑨もう1枚のジェノワーズを上にのせ、手で平らに押さえる。はみ出したクレームはスパテラで整える。

⑩下塗りをする。7分立てクレームの½量を上からかけ、上面部分をスパテラで平らにならす。

⑪流れ落ちたクレームを側面に塗り、冷蔵庫で10分冷やす。

⑫ケーキが冷えたら⑩⑪と同じように、残ったクレームを7分立てに立てなおして本塗りする。

⑬ラズベリージャムを塗ったいちごをケーキの上に飾り完成。クレームが残ったら8分立てに立てなおし、絞り袋に入れて飾りを絞ってもよい。

こどものショートケーキ 27

Génoise
大人のショートケーキ

口どけの良い薄いジェノワーズに合うように、中に挟むいちごもスライスしてマリネします。薄切りいちごを重ねながら並べるデコレーションは簡単で美しく仕上がるのでおすすめです。

作り方	**1** 薄焼きジェノワーズを作る	**2** いちごのマリネを作る	**3** シロップを作る	**4** クレーム・シャンティーを作る	**5** 仕上げ

型の大きさ	オーブン 210℃に温めておく	下準備
24×28cmの天板	焼き時間 200℃ 約10分	・天板に紙を敷く ・天板が2枚あれば、紙を敷いた天板の下にもう一枚の天板を重ねておく

材料 (約7.5×22cmのケーキ1台分)

1 薄焼きジェノワーズ

全卵 ・・・・・・・・・・・・・・ L3個　室温に戻す

グラニュー糖　・・・・・・・・・・・・・・・・70g

薄力粉 ・・・・・・・・・・・ 60g　2回ふるう

無塩バター…20g　湯せんしておく (レンジ可)

2 いちごのマリネ

いちご ・・・・・・・・・・・・・・・1パック

仕上げに使う飾り用いちごを5粒程度取り分けておく

粉糖 ・・・・・・・・・・・・・・・・・・・・15g

グランマルニエ ・・・・・・・・・・・・・・・・2g

3 シロップ

グラニュー糖 ・・・・・・・・・・・・・・・・15g

水 ・・・・・・・・・・・・・・・・・・・・・・30g

キルシュ ・・・・・・・・・・・・・・・・・・15g

4 クレーム・シャンティー

生クリーム ・・・・・・・・・・・・・・・・230g

グラニュー糖 ・・・・・・・・・・・・・・・・23g

5 仕上げ

ラズベリージャム ・・・ 適量　裏漉ししておく

飾り用いちご ・・・・・・・・・・・・・・・5粒程度

1 薄焼きジェノワーズを作る

①卵をボウルに入れてほぐし、グラニュー糖を加えてよく混ぜる。

②①のボウルを60〜70℃の湯せんにかける。卵液が40℃になるまで混ぜながら温める。

↓寒い時期は湯せんのままがおすすめです。

③湯せんから外し、白っぽくもったりとするまでハンドミキサー(高速)で泡立てる(生地で描いた線が残るくらいまで)。

↓キメを整える作業。1分かけて1周させる。

④羽根を1本にして低速でⒶ〜Ⓕまで1カ所10秒ずつミキシング。ミキサーを持つ手は動かさず、ボウルを動かす。

⑤ふるっておいた粉をもう一度ふるいながら全て加え、粉気が消えるまでゴムベラで返し混ぜする。

⑥熱いバターに⑤をお玉一杯程度入れよく混ぜ、⑤のボウル全体に散らすように戻す。

⑦バターの筋が消えるまで返し混ぜする(30〜40回)。

⑧紙を敷いた天板に20cmくらいの高さから生地を流し入れ、ボウルに残った生地をゴムベラで四隅に落とす。

⑨カードを立てて、中心から切るように四隅に生地を送り、表面を平らにならす。

⑩天板を軽く台に打ちつけ空気を抜いたら(あればもう一枚天板を下に重ね)、200℃のオーブンで約10分焼く。

↑全体的にきれいな焼き色がついて、手の平で触ると戻ってくるような弾力があり、竹串でさして生地がついてこなければ焼き上がり。

⑪四辺の立ち上がりの紙をはがし、新しい紙をかぶせて裏返して冷ます。

⑫粗熱が取れたら紙を全てはがす。焼き目がはがれていなければナイフできれいに取り除く。

⑬四辺の端を切り落とし、3等分にカットする。

2 いちごのマリネを作る

①いちごを洗ってペーパータオルでよく水気をとる。

↓中心部分の形の整ったいちごは飾り用に取り分け冷蔵庫で冷やす。

②いちごを5mmくらいにスライスする。

③②でスライスしたいちごをボウルに入れ、粉糖とグランマルニエを加えてマリネする。

3 シロップを作る

①小鍋にグラニュー糖と水を入れ火にかける。沸騰したら火を止めよく混ぜ、グラニュー糖を溶かす(レンジ可)。

②冷めたらキルシュを加える。

4 クレーム・シャンティーを作る

①生クリームとグラニュー糖をボウルに入れ、氷水にあてながら7分立てに泡立てる。……………ⓐ

②①の⅔強を別のボウルに取り分け、氷水にあてて8分立てにする。
……………………………ⓑ

5 仕上げ

①ジェノワーズ3枚(**1**)にシロップ(**3**)をまんべんなく打つ。

②1枚のジェノワーズに8分立てのクレーム・シャンティーⓑを¼量のせ、スパテラで平らに広げる。

③マリネしたいちごの水気をペーパータオルでとる。

↓ジェノワーズをのせたら手で平らに押さえ、水平にする。

↓切りやすい固さになるまで冷やす。いちごが凍らないように注意。

④②の上に③のいちごをまんべんなく並べ、その上からクレーム・シャンティー⑥を¼量のせ、平らにならす。

⑤2枚目のジェノワーズをのせ、②〜④を繰り返す。

⑥3枚目のジェノワーズをのせ、7分立てのクレーム・シャンティー⑧を上からかけてスパテラで平らにならす。

⑦フォークなどで上面に模様を付け、冷凍庫で15分冷やす。

← ラズベリージャムは少量の水を加えて煮詰め(レンジ可)、熱いうちに使用する。

⑧ケーキが冷えたら、熱湯で温めたナイフで四辺を切り落とす。

⑨取り分けておいた飾り用いちごをスライスして、形の整った部分を1枚ずつ少し重ねながら並べる。

⑩ラズベリージャムをいちごに塗って完成。

粒子が細かい薄力粉を使うとぐんと美味しくなりますが、ダマになりやすく、混ぜる時にも軽いので粉が浮いてしまいがち。目の細かいふるいでふるい、混ぜる時も混ぜ残しがないように丁寧に混ぜるようにしてください。

32

Génoise

チョコレートロールケーキ

ジェノワーズショコラが上手に出来たら、ガナッシュをクレーム・シャンティーに変えても美味しい。中にバナナやフランボワーズなど、ショコラに合うフルーツを入れても。

作り方	**1** 薄焼きジェノワーズショコラを作る	**2** シロップを作る	**3** ガナッシュを作る	**4** 生地を巻く	**5** チョコレートの年輪を作る	**6** 仕上げ

型の大きさ
24×28cmの天板

オーブン 210℃に温めておく
焼き時間 200℃ 約10分

下準備
・天板に紙を敷く
・天板が2枚あれば、紙を敷いた天板の下にもう1枚の天板を重ねておく
・コルネ（P.14）を作る

材料（長さ約26cmのロールケーキ1本分）

1 薄焼きジェノワーズショコラ
全卵 ・・・・・・・・・・・・・・ L3個　室温に戻す
グラニュー糖 ・・・・・・・・・・・・・・・70g
薄力粉 ・・・・・・・・50g ┐合わせて2回ふるう
ココア ・・・・・・・・・10g ┘
無塩バター ・・・・・・10g ┐合わせて湯せん
牛乳 ・・・・・・・・・・10g ┘しておく（レンジ可）

2 シロップ
グラニュー糖 ・・・・・・・・・・・・・・・15g
水 ・・・・・・・・・・・・・・・・・・・・・30g
ラム酒 ・・・・・・・・・・・・・・・・・・・10g

3 ガナッシュ
生クリーム@（脂肪分37%）・・・・・・・・30g
チョコレート（カカオ分50〜60%）・・・・70g
生クリームⓑ（脂肪分37%）・・・・・・・170g
グラニュー糖 ・・・・・・・・・・・・・・・10g

5 チョコレートの年輪
コーティングチョコレート〈スイート〉・・・適量
コーティングチョコレート〈ホワイト〉・・・適量

6 仕上げ
ココア ・・・・・・・・・・・・・・・・・・・適量

チョコレートロールケーキ　35

1
薄焼きジェノワーズ ショコラを作る

①卵をボウルに入れてほぐし、グラニュー糖を加えてよく混ぜる。

②①のボウルを60〜70℃の湯せんにかける。卵液が40℃になるまで混ぜながら温める。

③湯せんから外し、白っぽくもったりとするまでハンドミキサー(高速)で泡立てる(生地で描いた線が残るくらいまで)。

↓キメを整える作業。
1分かけて1周させる。

④羽根を1本にして低速でⒶ〜Ⓕまで1カ所10秒ずつミキシング。ミキサーを持つ手は動かさず、ボウルを動かす。

⑤ふるっておいた粉類をもう一度ふるいながらすべて加え、粉気が消えるまでゴムベラで返し混ぜする。

⑥熱いバターと牛乳に⑤をお玉一杯程度入れよく混ぜ、⑤のボウル全体に散らすように戻す。

⑦バターの筋が消えるまで返し混ぜする(約10回)。

⑧紙を敷いた天板に20cmくらいの高さから生地を流し入れ、ボウルに残った生地をゴムベラで四隅に落とす。

⑨カードを立てて、中心から切るように四隅に生地を送り、表面を平らにならす。

⑩天板を軽く台に打ちつけ、空気を抜いたら(あればもう一枚天板を下に重ね)、200℃のオーブンで約10分焼く。

⑪四辺の立ち上がりの紙をはがし、新しい紙をかぶせて裏返して冷ます。

←全体的にきれいな焼き色がついて、手の平で触ると戻ってくるような弾力があり、竹串でさして生地がついてこなければ焼き上がり。

⑫粗熱が取れたら紙を全てはがす。焼き目がはがれていなければナイフできれいに取り除く。

2
シロップを作る

①小鍋にグラニュー糖と水を入れ火にかける。沸騰したら火を止めよく混ぜ、グラニュー糖を溶かす(レンジ可)。

②冷めたらラム酒を加える。

3
ガナッシュを作る

①小鍋に生クリームⓐを入れ火にかけ、沸騰させる(レンジ可)。

②チョコレートを入れたボウルに①の生クリームを加え、蓋をして2〜3分蒸らし、ゴムベラで混ぜて溶かす。

↓チョコレートが溶けきらない場合は湯せんで溶かす。

↓暑い時期は氷水にあてながら泡立てる。

③別のボウルに生クリームⓑとグラニュー糖を入れ、ハンドミキサーで6分立てまで泡立てる。

④②の溶かしたチョコレートに③の生クリームをお玉1杯入れ、よく混ぜる。

⑤③の生クリームのボウルに戻し泡立て器で7分立てに泡立てる。

←少しゆるめの7分立てに。固くしすぎないように注意。

4 生地を巻く

①オーブンペーパーなどの上にジェノワーズ(1)を置き、巻き終わりになる端を斜めに切り落とす。

↓巻き始めのほうを狭く、徐々に間隔を空けて入れる。

②表面にナイフの背で浅くスジを入れ、シロップ(2)をまんべんなく打つ。

↓巻き始めが多め、巻き終わりが少なめになるように緩やかな坂を作る。

③ガナッシュ(3)の2/3量をのせ、スパテラでならす。

④手前の紙を持ち上げ、ケーキを巻いていく。

⑤巻き終わったら、定規を紙の上にあて下の紙を引いて締める。直径6.5cmほどになる。

⑥巻き終わりを下にして、紙ごと冷蔵庫で1時間休ませる。残ったガナッシュ(3)は氷水にあてておくか、冷蔵庫に入れる。

5 チョコレートの年輪を作る

①チョコレートをそれぞれ湯せんで溶かす(レンジ可)。

②オーブンシートの上に、スイートチョコレートをロールケーキの直径に合わせ、薄く丸く広げて冷蔵庫で固める。

③ホワイトチョコレートをコルネに入れ、固まった②のチョコレートのきれいな面に年輪模様を描き、冷蔵庫に入れておく。

6
仕上げ

↓ガナッシュが固い場合は生クリームを加えてのばす。

①冷蔵庫で冷やしたケーキの両端を切り落とす。

②表面に残りのガナッシュ(**3**)を塗り、フォークなどで木肌模様をつける。

③チョコレートの年輪(**5**)の裏面にガナッシュを少量塗り、ケーキの両端につける。

④茶こしでココアをふって完成。

ココアには消泡作用があるため、プレーンの薄焼き生地に比べて少ない回数で混ぜるようにしましょう。混ざったらすぐに次の材料を入れて手早く作業をするようにしてください。事前にココアを薄力粉と合わせてよくふるっておくことも大切です。

チョコレートロールケーキ

Génoise

フルーツショートケーキ

イタリア菓子のズコット（聖職者の帽子）のデザイン。ボウルで丸く仕上げます。手間はかかりますが、デコレーションの失敗が少ないケーキです。

作り方	1	2	3	4	5
	2種の薄焼きジェノワーズを焼く	シロップを作る	クレーム・ディプロマットを作る	クレーム・シャンティーを作る	仕上げ

焼き型の大きさ 24×28cmの天板	型の大きさ 直径12cm×深さ7.5cmのボウル	オーブン 210℃に温めておく 焼き時間 200℃ 約10分	下準備 ・フルーツショートケーキの型紙 (P.15) を作る ・天板に紙を敷く ・天板が2枚あれば、紙を敷いた天板の下にもう一枚の天板を重ねておく

材料 (直径12cmのボウル2台分)

2色の生地を交互に使うので、1度に2台分できます。1台は自分に、もう1台はプレゼント用にいかがでしょう。

1 薄焼きジェノワーズ

全卵 ‥‥‥‥‥‥‥‥L3個　室温に戻す
グラニュー糖 ‥‥‥‥‥‥‥‥70g
薄力粉 ‥‥‥‥‥60g　2回ふるう
無塩バター‥‥20g　湯せんしておく (レンジ可)

薄焼きジェノワーズショコラ

全卵 ‥‥‥‥‥‥‥‥L3個　室温に戻す
グラニュー糖 ‥‥‥‥‥‥‥‥70g
薄力粉 ‥‥‥‥50g ┐合わせて2回ふるう
ココア ‥‥‥‥10g ┘
無塩バター ‥‥‥10g ┐合わせて湯せん
牛乳 ‥‥‥‥‥‥10g ┘しておく (レンジ可)

2 シロップ

グラニュー糖 ‥‥‥‥‥‥‥‥20g
水 ‥‥‥‥‥‥‥‥‥‥‥‥‥20g
ブランデー ‥‥‥‥‥‥‥‥‥10g

3 クレーム・ディプロマット
〈クレーム・パティシエール〉

牛乳 ‥‥‥‥‥‥‥‥‥‥‥‥167g
バニラビーンズ ‥‥‥‥‥‥⅛本
卵黄 ‥‥‥‥‥‥‥‥‥‥‥L2個
グラニュー糖 ‥‥‥‥‥‥‥‥50g
薄力粉 ‥‥‥‥‥8g ┐合わせて2回ふるう
コーンスターチ ‥‥3g ┘
無塩バター ‥‥‥‥‥‥‥‥‥7g

〈クレーム・シャンティー〉

生クリーム(脂肪分45〜47%) ‥‥‥‥130g
グラニュー糖 ‥‥‥‥‥‥‥‥‥5g

4 クレーム・シャンティー

ゼラチン ‥‥‥‥‥1g　水で戻しておく
生クリーム ‥‥‥‥‥‥‥‥‥160g
グラニュー糖 ‥‥‥‥‥‥‥‥16g

5 仕上げ

バナナ、キウイ、オレンジなどお好みのフルーツ
‥‥‥‥‥‥‥‥‥‥‥‥‥‥‥適量
レモン汁 ‥‥‥‥‥‥‥‥‥‥適量

〈ナパージュ〉

グラニュー糖 ‥‥‥‥‥‥‥‥20g
あんずジャム ‥‥‥‥‥‥‥‥20g
水 ‥‥‥‥‥‥‥‥‥‥‥‥‥50g
ゼラチン ‥‥‥‥‥4g　水で戻しておく
ブランデー(またはキルシュ) ‥‥25g

スライスアーモンド ‥‥‥‥‥12g
160℃で約10分空焼きする

1　2種の薄焼きジェノワーズを焼く

①大人のショートケーキ(P.30)の作り方①〜⑫で薄焼きジェノワーズを焼いて冷ましておく。

②同様に、チョコレートロールケーキ(P.36)の作り方①〜⑫で薄焼きジェノワーズショコラを焼いて冷ましておく。

←全体的にきれいな焼き色がついて、手の平で触ると戻ってくるような弾力があり、竹串でさして生地がついてこなければ焼き上がり。

↓1台につき側面型各4枚、円形大小各1枚（写真は1台分）。

2種のジェノワーズを型紙(P.15)に合わせてカットする。

2　シロップを作る

①小鍋にグラニュー糖と水を入れ火にかける。沸騰したら火を止めよく混ぜ、グラニュー糖を溶かす（レンジ可）。

②冷めたらブランデーを加える。

3　クレーム・ディプロマットを作る

①牛乳を入れた鍋に割いたバニラビーンズの中身をこそぎ出し、さやも一緒に鍋に入れ、中火にかけて沸騰直前まで温める。

②卵黄をボウルに入れ、ハンドミキサーでほぐしてグラニュー糖を加え白っぽくなるまで混ぜる。

↓混ぜすぎ注意。粉が見えるくらい。

③ふるっておいた粉類をもう一度ふるい入れ、ざっくりと混ぜる。

④①の熱い牛乳を加えてボウルでよく混ぜ、漉しながら鍋に戻す。

⑤強めの中火にかけてゴムベラで絶えず混ぜ、サラサラになったら火を止める。

←熱が入って固くなった後さらに2〜3分混ぜ続けるとサラッとして軽くなる。そこで火を止める。

⑥バターを加えて手早く混ぜ溶かし、ボウルに移す。

⑦空気が入らないようにぴったりとラップをかけ、氷水にあてて冷ます。

↓うまくできたカスタードは写真のようにボウルからきれいにはがれる。

⑧カスタードをはがし上下を逆にして、さらに氷水をあてて完全に冷やす。

⑨別のボウルに生クリームを入れ、氷水にあて9分立てまで泡立てる。

↓戻しすぎるとコシがなくなるので注意。

⑩冷えた⑧のカスタードをゴムベラかハンドミキサー羽根1本でツヤが出るまで戻す。

↓ほとんど混ざっていないくらいでOK。

⑪⑨の生クリームを2回に分けて加え、さっくり合わせる。

4 クレーム・シャンティーを作る

①水で戻しておいたゼラチンを湯せんで溶かす。

②生クリームにグラニュー糖を入れ、とろみがつくまで泡立てる。

③溶かしたゼラチンに②を大さじ2杯入れよく混ぜる。

↑固まってしまったらダマがないように湯せんで溶かす。

④③のゼラチンを生クリームのボウルに戻し、氷水にあてながら8分立てまで泡立てる。

フルーツショートケーキ

5 仕上げ

下準備
フルーツ（バナナ1本、キウイ1個、オレンジ1個など）をカットし、変色を防ぐためレモン汁をかけてマリネする。

①ボウルにラップをぴったりと敷き、2種のジェノワーズ(1)のきれいな面を下にして交互に隙間なく貼り付ける。

②ボウルに敷いたジェノワーズにシロップ(2)を打ち、クレーム・シャンティー(4)を型の半分くらいまで入れる。

↓フルーツはクレームにあらかじめ混ぜてもよい。

③フルーツの水気をペーパータオルでとり、クレームの上に散らして平らに整える。

④小さい円のジェノワーズの片面にシロップを打ち、シロップ面を下にしてのせ、上からシロップを打つ。

⑤クレーム・ディプロマット(3)を入れ、水気をとったフルーツを散らす。クレーム・ディプロマットは少し残しておく。

⑥残ったクレーム・ディプロマットをのせて平らに整える。

⑦大きい円のジェノワーズの片面にシロップを打ち、シロップ面を下にしてのせる。

⑧ぴったりとラップをかけて冷蔵庫で2時間以上冷やす。

⑨生地に塗るナパージュを作る。小鍋にグラニュー糖、あんずジャム、水を入れ、火にかけグラニュー糖を溶かす（レンジ可）。

⑩火を止め、水で戻しておいたゼラチンを入れ混ぜて溶かす。ボウルに漉し入れ、冷めたらブランデーを加える。氷水にあてて塗りやすい固さに調整する。

↑固まりすぎたら湯せんでゆるめて使用する。

⑪冷蔵庫で冷やしたケーキをボウルから出し、⑩のナパージュを刷毛で下から上へ塗る。

⑫空焼きしたスライスアーモンドをケーキの下部に1周貼りつけ、完成。

ジェノワーズは2色焼かずにどちらかの生地だけでもOK。1つおきに型紙をかぶせてココアまたは粉糖をふると手軽に2色が作れます。中のクレーム・ディプロマットを作らずクレーム・シャンティーだけでも良いですし、チョコレートロールケーキ(P.34)のガナッシュやナッツを入れても美味しいです。長時間の持ち歩きには向きません。

Génoise
桃のロールケーキ

桃をコンポートにすると、生とはまた違った美味しさが生まれます。生クリームと桃の相性は抜群！ロールケーキ仕立ては持ち運びも楽です。

| 作り方 | 1 桃のコンポートを作る | 2 薄焼きジェノワーズを作る | 3 シロップを作る | 4 クレーム・シャンティーを作る | 5 生地を巻く | 6 仕上げ |

焼き型の大きさ		
24×28cmの 天板	オーブン　210℃に温めておく 焼き時間　200℃　約10分	下準備 ・天板に紙を敷いておく ・天板が2枚あれば、紙を敷いた天板の下にもう1枚の天板を重ねておく

材料（約26cmのロールケーキ1台分）

桃のコンポートはケーキを焼く
前日に作っておきましょう。

1 桃のコンポート
桃･･･大1個　よく洗い、うぶ毛をこすり取る
水･････････････････････400g
グラニュー糖･･･････････100g
レモン汁･･･････････････15g
桃のリキュール･････････30g

2 薄焼きジェノワーズ
全卵････････････L3個　室温に戻す
グラニュー糖･･････････････70g
薄力粉･･････････････60g　2回ふるう
無塩バター…20g　湯せんしておく(レンジ可)

3 シロップ
グラニュー糖･･････････････15g
水･･････････････････････30g
桃のリキュール････････････15g

4 クレーム・シャンティー
生クリーム･････････････200g
グラニュー糖･･･････････20g

6 仕上げ
粉糖･････････････････適量

1 桃のコンポートを作る

①桃を、アボカドを切る要領で半分に切ってねじり、種を取る。

②小鍋に水とグラニュー糖を入れて中火にかけ、沸騰したら混ぜてグラニュー糖を溶かす。

③桃を皮を下にして②の鍋に入れてレモン汁を加え、落とし蓋をして5〜10分煮る。

④火を止め、煮汁に漬けたまま冷ます。冷めたら皮を剥き煮汁に桃のリキュールを加えタッパーなどの密閉容器に入れて、冷蔵庫で一晩冷やす。

2 薄焼きジェノワーズを作る

大人のショートケーキ(P.30)の作り方①〜⑫で薄焼きジェノワーズを焼く。

↑全体的にきれいな焼き色がついて、手の平で触ると戻ってくるような弾力があり、竹串でさして生地がついてこなければ焼き上がり。

3 シロップを作る

①小鍋にグラニュー糖と水を入れ火にかける。沸騰したら火を止めよく混ぜ、グラニュー糖を溶かす(レンジ可)。

②冷めたら桃のリキュールを加える。

4 クレーム・シャンティーを作る

生クリームとグラニュー糖をボウルに入れ、氷水にあてながら8分立てに泡立てる。

5 生地を巻く

①桃のコンポート(**1**)をカットし、ペーパータオルで水気をよくとる。

②オーブンペーパーなどの紙の上にジェノワーズ(**2**)を置き、巻き終わりになる端を斜めに切り落とす。

↓巻き始めの方を狭く、徐々に間隔を空けて入れる。

③表面にナイフの背で浅くスジを入れて、シロップ(**3**)を打つ。

↓巻き始めが多め、巻き終わりが少なめになるように緩やかな坂を作る。

④クレーム・シャンティー(**4**)をのせ、生地全体にスパテラでならす。お玉一杯程度は残しておく。

⑤桃のコンポート(**1**)を隙間なく並べ、残りのクレーム・シャンティー(**4**)を桃の上に塗り広げる。

⑥手前の紙を持ち上げ、ケーキを巻いていく。

⑦巻き終わったら定規を紙にあて、下の紙を引いて締める。
巻き終わりを下にして、紙ごと冷蔵庫で1時間以上休ませる。

6 仕上げ

①休ませたケーキを冷蔵庫から取り出し、両端を切り落とす。

②ケーキの半分に定規などをのせ、片側のみに茶こしで粉糖をたっぷりとふって完成。

> 桃だけでなくイチジクのコンポートでも代用可。いちごやバナナを使ったロールケーキ、いろいろなフルーツを合わせてフルーツロールも作れます。

桃のロールケーキ

2
ムースのお菓子
Mousse

2種のチョコレートムース
→ P.58

キャラメルとチョコレートのムース
→ P.62

はちみつのムース
→ P.66

いちごのシャルロット
→ P.70

抹茶のシャルロット
→ P.76

ムースのこと

ムースとはフランス語で泡のこと。

アングレーズソースやフルーツピュレ、チョコレートなどをベースにして、クレーム・シャンティーやイタリアンメレンゲを合わせた、ふんわり軽いものの総称です。アングレーズベースは、牛乳とバニラの風味が全体を包むやさしい味。フルーツピュレをベースにするものは、果物の風味・酸味をストレートに味わうことが出来ます。アングレーズソースの牛乳をフルーツピュレに変えて作ることもあります。果物の個性を卵黄が包んで和らげるのでまろやかに仕上がります。チョコレートは冷やすと固まる性質があるので、ゼラチンを使用しなくても（使用するとしても極少量）固めることが可能です。そのためチョコレート本来のなめらかに溶ける美味しさを作ることが出来るのです。

ムースはグラスに流して冷やし固め手軽に食べることも出来るし、ちょっとがんばってジェノワーズやビスキュイと合わせて美しいアントルメを作ることも出来ます。

使用する生クリームの脂肪分の割合や泡立ての固さで出来上がりの口どけや食感が変わります。固く泡立てたクレーム・シャンティーを合わせたムースは、空気がたっぷり入っているのでふんわりと固めに仕上がります。柔らかく立てたクレームは空気が少ない分ボリュームは出ませんが素材の味が強く感じられます。高脂肪の生クリームを使ったムースはコクがありますが口どけはいまひとつ、それに対して脂肪分が低いクリームは保形力は弱いですが、口どけが良く、やさしい味になります。

この章のチョコレートムース（P.58）はチョコレートという気難しい材料が主役。生クリームとチョコレートの脂肪分や固さ、合わせる時の温度を変えてしまうと失敗する可能性が高くなりますので特にご注意を。

ムースは仕上げの自由度が高く、その組み合わせで味の世界が広がります。この章の中のムースの組み合わせを変えて使っても良いのです。レシピにはなくても、旬のフルーツを挟んだりソースを添えたりしていろいろな味のムースを作ってみてください。オリジナルの美味しいムースが出来るとお菓子づくりの楽しみが広がります。

Mousse

基本のレシピ　バニラムース（スフレ仕立て）

アングレーズソースをベースにクレーム・シャンティーを合わせたムース。バニラが香るやさしい甘さで、ふわっとミルキー。シャープなキレの良さも感じられます。

材料（100ccのカップ5個分）

生クリーム ・・・・・・・・・・・・・・・250g
牛乳 ・・・・・・・・・・・・・・・・・・・・80g
バニラビーンズ・・・・・・・・・・・1/3本
卵黄・・・・・・・・18〜20g(L約1個分)
グラニュー糖 ・・・・・・・・・・・・・50g
ゼラチン・・4g　水につけて戻しておく

型の大きさ 100ccのカップ	下準備 スフレ仕立てにするためにカップの上にプラスチックの帯を巻いておく（ボール紙などで帯を作る場合は、紙の内側にオーブンシートを巻くかバターを塗っておく）

①生クリームを氷水にあて、ハンドミキサーで8分立てに泡立てて冷蔵庫で冷やしておく。

②牛乳を入れた鍋に、割いたバニラビーンズの中身をこそぎ出し、さやも一緒に鍋に入れ、中火にかけて沸騰直前まで温める。

③卵黄をボウルに入れ、ハンドミキサーでほぐしてグラニュー糖を加え、白っぽくなるまで混ぜる。

④②の熱い牛乳をバニラごと少しずつ加え、ハンドミキサーで混ぜる。

⑤ ④を鍋に戻し、弱火にかけゴムベラで絶えず底を混ぜながら軽くとろみがつく（82℃）まで火にかける。

↓火を止めてからは手早く混ぜて漉す。

⑥ 火を止めて水気を切ったゼラチンを加え混ぜ、漉しながら新しいボウルに移す。

↓生クリームよりもややゆるいくらいがベスト。

⑦ 氷水にあててゴムベラで混ぜながら冷やし、①の生クリームと同じくらいの固さまでとろみをつける。

↓泡を消さないように混ぜる。ゴムベラで切り混ぜしてもよい。

⑧ ①の生クリームを泡立て器で再度8分立てに立てなおし、3回に分けて加え、その都度すくい混ぜでよく混ぜる。

⑨ カップに流し入れ、上部分をスパテラで摺り切り、冷蔵庫で3時間以上冷やし固める。

⑩ 冷蔵庫から取り出したカップの帯を外して完成。

基本のレシピ バニラムース（スフレ仕立て） 57

Mousse
2種のチョコレートムース

スイートとミルク、それぞれのチョコレートの美味しさを最大限に活かしたレシピ。柔らかな食感です。固めに仕上げたい場合はゼラチンを増やしてください。

型の大きさ
直径5.5cm×高さ5cmの器

材料（直径5.5cm×高さ5cmの器各4個分）

1 シンプルなスイートチョコレートのムース
　生クリーム（乳脂肪分35〜37%）‥‥‥120g
　スイートチョコレート（カカオ分50〜60%）
　‥‥‥70g　ブロックチョコは刻んでおく
　仕上げ用のスイートチョコレート‥‥適量
　ココア‥‥‥‥‥‥‥‥‥‥‥‥‥適量

2 柔らかくあっさりとしたミルクチョコレートのムース
　生クリーム（乳脂肪分35〜37%）‥‥‥80g
　ミルクチョコレート（カカオ分40%）
　‥‥‥60g　ブロックチョコは刻んでおく
　牛乳‥‥‥‥‥‥‥‥‥‥‥‥‥‥45g
　ゼラチン‥‥‥‥1g　水で戻しておく
　仕上げ用のミルクチョコレート‥‥‥適量

1 シンプルな スイートチョコレートの ムースを作る

①生クリームを氷水にあて、ハンドミキサーで8分立てに泡立てて冷蔵庫で冷やしておく。

②チョコレートを湯せんで溶かし、48℃にする。

↓一度分離してザラザラになり、さらに混ぜるとツヤが出て乳化する。

③生クリームを再度8分立てに立てなおし、¼量を②のチョコレートに入れ、泡立て器でよく混ぜ乳化させる。

④③のボウルを湯せんにかけ、50℃にする。

⑤残りの生クリームを2回に分けて加え、その都度泡立て器で混ぜる。

⑥生地にとろみがついてなめらかに混ざったら器に流す。冷凍庫で20分冷やした後、冷蔵庫で3時間〜半日かけて冷やし固める。

⑦固まったら仕上げ用のチョコレートをナイフで削り上にかけ、茶こしでココアをふって完成。

ミルクチョコレートで作る場合はチョコレートを75gに増やし、カカオ分の高いスイートチョコレートの場合は63gに減らして作りましょう。

2種のチョコレートムース　59

2
柔らかくあっさりとしたミルクチョコレートのムースを作る

①生クリームを氷水にあて、ハンドミキサーで8分立てに泡立てて冷蔵庫で冷やしておく。

②チョコレートを湯せんで溶かし、40℃にする。

③小鍋に牛乳を入れ沸騰直前まで温め(レンジ可)、水気を切ったゼラチンを加えゴムベラで混ぜ溶かす。

↓一度分離してザラザラになる。

④40℃のチョコレートに③の熱い牛乳を¼量入れ、泡立て器で混ぜる。

↓混ぜるうちにツヤが出て、なめらかに乳化する。

⑤残りの牛乳を4〜5回に分けて少しずつ加え、その都度よく混ぜる。

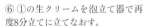

⑥①の生クリームを泡立て器で再度8分立てに立てなおす。

⑦38℃に調整したチョコレートの½量を生クリームに加えて泡立て器で混ぜる。よく混ざったら残りを加えて混ぜる。

⑧なめらかに混ざったら器に流す。冷凍庫で20分冷やした後、冷蔵庫で3時間〜半日かけて冷やし固める。

⑨固まったら仕上げ用のチョコレートをナイフで削り、上にかけて完成。

スイートチョコレートで作る場合はチョコレートを56gに減らしましょう。カカオ分の高いスイートチョコレートを使う場合は45gに、ゼラチンを0.5gに減らし40℃に調整して生クリームと合わせてください。

61

Mousse
キャラメルとチョコレートのムース

キャラメルとショコラ、2色のムースのグラス仕立て。2つのムースの相性は抜群です。ジェノワーズを敷いて型に流せば、アントルメに変身します。

作り方	**1** キャラメルソースを作る	**2** キャラメルクリームを作る	**3** キャラメルムースを作る	**4** チョコレートムースを作る	**5** 仕上げ

型の大きさ 190ccのグラス	**下準備** ・キャラメルソース、キャラメルクリームを入れる清潔なビンを用意する ・仕上げチョコレートの飾りに使用する葉っぱを洗って乾かしておく（本書ではオリーブの葉を使用。葉脈がはっきりと出るものがよい）

材料（190ccのグラス2個分）

1 キャラメルソース
※作りやすい分量（このうち57g使用）
グラニュー糖 ・・・・・・・・・・・・・・・100g
水・・・・・・・・・・・・・・・・・・・・・・16g
熱湯・・・・・・・・・・・・・・・・・・・・40g

2 キャラメルクリーム
※作りやすい分量（このうち50g使用）
グラニュー糖 ・・・・・・・・・・・・・・50g
水・・・・・・・・・・・・・・・・・・・・・・25g
生クリーム ・・・・・・・・・・・・・・・50g

3 キャラメルムース
生クリーム ・・・・・・・・・・・・・・・100g
キャラメルソース（**1**）・・・・・・・・・57g
水・・・・・・・・・・・・・・・・・・・・・・14g
ゼラチン ・・・・・・・・・3g　水で戻しておく

4 チョコレートムース
生クリーム（脂肪分35〜37%）・・・・・・64g
スイートチョコレート（カカオ50〜60%分）
・・・・・・・・・・・・・・・・・・・・・・・38g

5 仕上げ
〈チョコレートの飾り〉
コーティングチョコレート ・・・・・・・・適量
上掛け用キャラメルクリーム（**2**）・・・・・50g

キャラメルとチョコレートのムース　63

1 キャラメルソースを作る

①グラニュー糖に水を加えて火にかけ、煙が出てきたら一度混ぜる。

↓鍋の真上に手がこないように横から熱湯を加える。

②好みのキャラメル色になったら熱湯を加えて混ぜる。

③火から下ろし、熱いうちにビンに入れて常温で保存する。
（日持ち：常温約半年）

2 キャラメルクリームを作る

①グラニュー糖に水を加えて火にかける。

②別の小鍋で生クリームを温める（レンジ可）。

↓鍋の真上に手がこないように横から生クリームを加える。

③①の鍋から煙が出てきたら一度混ぜ、好みのキャラメル色になったら②の生クリームを加えて混ぜる。

④火から下ろし、熱いうちにビンに入れ、冷めたら冷蔵庫で保存する。
（日持ち：冷蔵約1カ月）

3 キャラメルムースを作る

①生クリームを氷水にあて、ハンドミキサーで7分立てに泡立てて冷蔵庫で冷やしておく。

②キャラメルソース（1）と水をボウルに入れ湯せんにかけ、水気を切ったゼラチンを加えて混ぜ溶かす。

③ゼラチンが完全に溶けたら漉しながら別のボウルに移す。氷水にあてながらゴムベラで混ぜ、とろみをつける。

④①の生クリームを再度7分立てに立てなおし、3回に分けて加えてその都度ゴムベラでよく混ぜる。

⑤④をグラスの1/3くらいまで流し入れ、冷凍庫で30分くらい冷やす。残ったムースは氷水にあてておく。

4
チョコレートムースを作る

シンプルなスイートチョコレートのムース(P.59)の作り方①～⑥でチョコレートムースを作る。

5
仕上げ

①冷やしたキャラメルムース(3)の上にチョコレートムース(4)を流し、冷凍庫で20～30分冷やす。

←2回目に流すキャラメルムースが固くなっていたら、湯せんで温めて流せる固さに調整しましょう。

②①が固まったら、グラスのフチから3mmのところまで残りのキャラメルムースを流し入れ、冷蔵庫で2時間くらい冷やす。

↓使う直前に冷蔵庫から取り出し、チョコレートを折らないようにそっとはがす。
③コーティングチョコレートを溶かし、用意しておいた葉に均一の厚みに塗り冷蔵庫で冷やし固める。

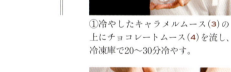
←グラスをゆっくり回転させてクリームを平らにならす。キャラメルクリームが固くなっていたら、湯せんで温めて流せる固さに調整しましょう。

④②が固まったら上にキャラメルクリーム(2)を流して冷蔵庫で10分ほど冷やし、③のチョコレートの飾りを飾って完成。

キャラメルの焦がし方で味が決まります。浅いと甘みが強くなり、深く焦がすとほろ苦い大人の味わいに。3段にしないで2段仕立てにするともっと簡単に作れますし、キャラメルムース&キャラメルクリームだけでも美味しいです。

キャラメルとチョコレートのムース 65

Mousse

はちみつのムース

はちみつは加熱しても風味が残るので、後味にはちみつがふわりと香るムースが出来ます。使用するはちみつで味わいがかなり変わります。ラベンダー、オレンジ、百花蜜など、花や果物のものがおすすめです。

作り方

1 はちみつのムースを作る 〉 **2** 3種のソースを作る 〉 **3** 仕上げ

型の大きさ
280mlのカップ

材料（280mlのカップ3個分）

3種のソースの中からお好きなものを選んで作ってください。

1 はちみつのムース
- 生クリーム ・・・・・・・・・・・・・・・ 100g
- はちみつ ・・・・・・・・・・・・・・・・ 40g
- 牛乳 ・・・・・・・・・・・・・・・・・・ 100g
- 卵黄 ・・・・・・・・・・・・・・・・・・ L1個
- ゼラチン ・・・・・ 2g　水につけて戻しておく

2 3種のソース
A トマトのはちみつマリネ
- フルーツトマト
  ・・・・・・・ 大2個（プチトマトなら8個くらい）
- はちみつ ・・・・・・・・・・・・・・・・ 40g
- レモン汁 ・・・・・・・・・・・・・・・・ 12g

B レモンのはちみつマリネ
- レモン ・・・・・・・・・・・・・・・・ 1/2個
- はちみつ ・・・・・・・・・・・・・・・・ 40g
- 水 ・・・・・・・・・・・・・・・・・・・ 50g

C トマトのアイスクリームとシャーベット
〈トマトのアイスクリーム〉
- 牛乳 ・・・・・・・・・・・・・・・・・ 125g
- 生クリーム ・・・・・・・・・・・・・・・ 30g
- バニラビーンズ ・・・・・・・・・・・・・ 1/6本
- 卵黄 ・・・・・・・・・・ 18〜20g（L約1個分）
- はちみつ ・・・・・・・・・・・・・・・・ 35g
- トマトピューレ（トマトを湯むきして裏漉ししたもの）・・・・・・・・ 42g（大1.5個くらい）

〈トマトのシャーベット〉
- トマト ・・・・・ 小1個　冷凍庫で凍らせておく

3 仕上げ
- ハーブ ・・・・・・・・・・・・・・・・・ 適量

1
はちみつのムースを作る

①生クリームを氷水にあて、ハンドミキサーで8分立てに泡立てて冷蔵庫で冷やしておく。

②はちみつと牛乳を鍋に入れて混ぜ、中火にかけて沸騰直前まで温める。

③卵黄をボウルに入れ、ハンドミキサーでしっかり混ぜる。

④②の牛乳を少しずつ加えてハンドミキサーで混ぜる。

⑤④を鍋に戻し、弱火にかけゴムベラで絶えず底を混ぜながら軽くとろみがつく（82℃）まで火を通す。

↓火を止めてからは手早く混ぜて漉す。

↓生クリームよりもややゆるいくらいがベスト。

↓泡を消さないように混ぜる。ゴムベラで切り混ぜしてもよい。

⑥火を止めて水気を切ったゼラチンを加え混ぜ、漉しながら新しいボウルに移す。

⑦氷水にあててゴムベラで混ぜながら冷やし、①の生クリームと同じくらいの固さまでとろみをつける。

⑧①の生クリームを泡立て器で再度8分立てに立てなおし、3回に分けて加え、その都度すくい混ぜでよく混ぜる。

⑨カップに流し入れ、冷蔵庫で2時間くらい冷やし固める。

2-A
トマトのはちみつマリネを作る

①トマトは湯むきしカットする。

②はちみつとレモン汁を混ぜたものに①を加え混ぜ、2時間以上冷蔵庫で冷やす。

2-B
レモンのはちみつマリネを作る

①レモンを洗って2mmの輪切りにする。

②鍋にはちみつと水を入れて混ぜ、沸騰させる。

③②にレモンを加え、皮の白い部分が透き通るまで煮る。

④冷ましてから冷蔵庫で2時間以上冷やす。

2-C
トマトのアイスクリームを作る

①牛乳と生クリームを入れた鍋に割いたバニラビーンズの中身をこそぎ出し、さやも一緒に鍋に入れ、中火にかけて沸騰直前まで温める。

②卵黄をボウルに入れてほぐし、はちみつを加え、ハンドミキサーで白っぽくもったりするまで泡立てる。

③②のボウルに①を少しずつ加えてハンドミキサーで混ぜる。

④鍋に戻し、弱火にかけゴムベラで絶えず底を混ぜながら軽くとろみがつく(82℃)まで火を通す。

⑤漉しながら新しいボウルに移す。

←冷凍庫で冷やす場合、固まりかけたらフォークや泡立て器で混ぜることを4～5回繰り返すとなめらかな舌触りになる。

⑥氷水にあててゴムベラで混ぜながら冷まし、トマトピューレを加える。

⑦アイスクリームメーカーにかけるか、冷凍庫で冷やす。

3
仕上げ

A
固まったムース(1)の上にトマトのはちみつマリネをのせてハーブを飾って完成。

B
固まったムース(1)の上にレモンのはちみつマリネをのせて完成。

C
固まったムース(1)の上にトマトのアイスクリームをのせる。凍らせておいたトマトの皮をむき、アイスクリームの上におろし金でおろす(トマトのシャーベット)。

このムースは、トマトやレモン、アンズなど、甘酸っぱいものと相性が良いです。ソースやコンポート、ソルベなどにして添えてください。素材の組み合わせ次第でバリエーションが広がります。

はちみつのムース

Mousse
いちごのシャルロット

フルーツのピュレをベースにして作るムース。いちごの香りや美味しさがストレートに味わえます。シャルロット仕立てはビスキュイを作る手間はありますが、どなたでも美しく仕上げることが出来るデコレーションです。

作り方	**1** ビスキュイを作る	**2** シロップを作る	**3** ビスキュイを型に敷く	**4** いちごのムースを作る	**5** 仕上げ

型の大きさ 直径12cm×高さ5.5cmの底が抜ける丸型	**オーブン** 180℃に温めておく **焼き時間** 170℃ 12〜14分	**下準備** ・天板に型紙(P.15)とオーブンシートを敷く ・絞り袋に1cm丸口金と仕上げ用の好みの口金をセットする

材料 (直径12cm×高さ5.5cmの丸型1台分)

1 ビスキュイ

卵黄 ・・・・・・・・・・・・・・18〜20g(L約1個分)
グラニュー糖ⓐ ・・・・・・・・・・・・・16g
卵白 ・・・・・・・・・・・・・・・・・・・・・・・30g
グラニュー糖ⓑ ・・・・・・・・・・・・・14g
薄力粉 ・・・・・・・15g ⎫
強力粉 ・・・・・・・15g ⎬ 合わせて2回ふるう
粉糖 ・・・・・・・・・・・・・・・・・・・・・・・適量

2 シロップ

グラニュー糖 ・・・・・・・・・・・・・・・・15g
水 ・・・・・・・・・・・・・・・・・・・・・・・・・15g
キルシュ(ブランデーでも可) ・・・・・・・10g

4 いちごのムース

生クリーム(乳脂肪分42〜47%) ・・・・・200g
ピュレ用のいちご(冷凍でも可) ・・・・・400g
レモン汁 ・・・・・・・・・・・・・・・・・・・・20g
グラニュー糖 ・・・・・・・・・・・・・・・・100g
ゼラチン ・・・・・12g　水につけて戻しておく
フランボワーズリキュール ・・・・・・・・15g
いちご ・・・・・・・・・・・・・・・・・・・・・・適量

5 仕上げ

いちご ・・・・・・・・・・・・・・・・・・・・・・適量
生クリーム(乳脂肪分42〜47%) ・・・・・50g
グラニュー糖 ・・・・・・・・・・・・・・・・・5g
フランボワーズジャム ・・・・・・・・・・・適量
　　　　　　　　　　　　　裏漉ししておく
粉糖 ・・・・・・・・・・・・・・・・・・・・・・・適量

いちごのシャルロット 71

1 ビスキュイを作る

①卵黄をボウルに入れ、ハンドミキサーでほぐしてグラニュー糖ⓐを加え、白っぽくなるまで混ぜる。

②卵白をハンドミキサー(高速)で全体が細かい泡になるまで泡立てる。

③グラニュー糖ⓑを½量加え、ハンドミキサー(高速)でふんわりツノが立つまで泡立てる。

④残りのグラニュー糖を加えさらに泡立てる。ツヤが出てツノの先が少しおじぎをするくらいの固さにする。

↓卵黄とメレンゲは混ぜすぎ注意。

⑤④のメレンゲに①を一度に加え、ゴムベラでざっくりと切り混ぜをする。メレンゲの白い筋が残っている状態でよい。

↓混ぜすぎ注意。粉が見えるくらい。

⑥ふるっておいた粉類を5回に分けて加えざっくりと切り混ぜする。粉が混ざりきらないうちに次の粉を入れる。

↓焼き上がると膨らむので少し間隔を空けて絞る。

⑦型紙の上にオーブンシートを敷き、⑥の生地を1cm丸口金をつけた絞り袋に入れ、型紙に沿って側面を絞る。

⑧型紙に合わせて底を絞る。円の中心から外側に向かって絞っていく。

⑨⑦に茶こしで粉糖をふり、1分おいてもう一度たっぷりふる。

←表面がカラカラになり、少し焼き縮みするくらいの状態がベスト。

⑩側面と底の生地を170℃で12〜14分焼き、焼き上がったらオーブンシートごと天板から外して冷ます。

2 シロップを作る

①小鍋にグラニュー糖と水を入れ火にかける。沸騰したら火を止めよく混ぜ、グラニュー糖を溶かす(レンジ可)。

②冷めたらキルシュを加える。

3 ビスキュイを型に敷く

①冷ました側面のビスキュイを型に沿って隙間なくきっちりと敷き詰める。

↑側面のビスキュイは、絞り終わりが下になるよう向きに注意。

↑長すぎる場合は絞り終わりの部分をカットして調整する。

↓隙間が空くと、ムースがはみ出てくるので注意。

②底面のビスキュイを敷く。必要に応じてカットし、隙間があったら余ったビスキュイをきっちりと詰めておく。

③側面と底にシロップ(2)を打って冷蔵庫で冷やしておく。

4 いちごのムースを作る

①生クリームを氷水にあて、ハンドミキサーで8分立てに泡立てて冷蔵庫で冷やしておく。

②いちごとレモン汁をフードプロセッサーにかけてピュレにする(ミキサー可)。

③②のいちごのピュレ½量を小鍋に入れ、グラニュー糖を加えて火にかけ熱くして混ぜ溶かす(レンジ可)。

いちごのシャルロット　73

④火を止めて水気を切ったゼラチンを加え混ぜ、ゼラチンが溶けたら新しいボウルに移す。

↓生クリームよりもややゆるいくらいがベスト。

⑤ボウルを氷水にあて冷めたらフランボワーズリキュールを加え、混ぜながら①の生クリームと同じくらいの固さまでとろみをつける。

↓ゴムベラで切り混ぜしてもよい。

⑥①の生クリームを泡立て器で再度8分立てに立てなおし、3回に分けて加え、その都度すくい混ぜでよく混ぜる。

⑦冷やしておいた型に⑥を半分まで流し入れる。

⑧洗ったいちごの水気をとり、中央を空けて並べる。

⑨残りのムースを上に流し入れ、トントンと軽く台に打ちつけて表面を平らにし、冷蔵庫で2〜3時間冷やす。

5 仕上げ

①いちごを洗い、ペーパータオルでよく水気をふき取る。

②生クリームとグラニュー糖をボウルに入れ、氷水にあててハンドミキサーで8分立てに泡立て、クレーム・シャンティーを作る。

③冷蔵庫で冷やし固めておいたシャルロットを型から外す。

↓写真では片目口金を使用。

④②のクレーム・シャンティーを好みの口金をつけた絞り袋に入れ、ムースの上に絞る。

⑤いちごを飾り、温めたフランボワーズジャムを塗る。茶こしで粉糖をふって完成。

いちごのムースに使うゼラチンの量は、減らさないようにしてください。メーカーによって凝固力が違いますので、一度作ってみて柔らかいようでしたら1～2g増やしてみましょう。

Mousse

抹茶のシャルロット

ビスキュイ、ムース、上掛けと抹茶尽くしのアントルメ。抹茶はぜひ美味しいものを選んでください。美しい矢羽根模様は意外と簡単に出来ます。

76

作り方	**1** 抹茶のビスキュイを作る	**2** シロップを作る	**3** ビスキュイを型に敷く	**4** 抹茶のムースを作る	**5** 抹茶の上掛けを作る	**6** 仕上げ

型の大きさ	オーブン	180℃に温めておく	下準備
直径12cm× 高さ5.5cmの底が 抜ける丸型	焼き時間	170℃　12〜14分	・天板に型紙 (P.15) とオーブンシートを敷く ・コルネを作る (P.14) ・絞り袋に1cm丸口金をセットする

材料（直径12cm×高さ5.5cmの丸型1台分）

1 ビスキュイ

卵黄 ・・・・・・・・・・・・18〜20g（L 約1個分）
グラニュー糖ⓐ ・・・・・・・・・・・16g
卵白 ・・・・・・・・・・・・・・・・・30g
グラニュー糖ⓑ ・・・・・・・・・・・14g
抹茶 ・・・・・・・・・・2g ⎫
薄力粉 ・・・・・・・15g ⎬ 合わせて2回ふるう
強力粉 ・・・・・・・15g ⎭
粉糖 ・・・・・・・・・・・・・・・・・適量

2 シロップ

グラニュー糖 ・・・・・・・・・・・・・4g
水 ・・・・・・・・・・・・・・・・・・12g
抹茶のリキュール ・・・・・・・・・・・4g

4 抹茶のムース

生クリーム ・・・・・・・・・・・・・100g
抹茶 ・・・・・・・・・・・・・・・・・4g
水 ・・・・・・・・・・・・・・・・・・15g
牛乳 ・・・・・・・・・・・・・・・・・40g
卵黄 ・・・・・・・・・・・・18〜20g（L 約1個分）
グラニュー糖 ・・・・・・・・・・・・・24g
ゼラチン ・・・・・ 2g　水につけて戻しておく
甘納豆 ・・・・・・・・・・・・・・・・30g

5 抹茶の上掛け

ゼラチン ・・・・ 0.3g　水につけて戻しておく
生クリーム ・・・・・・・・・・・・・・12g
抹茶 ・・・・・・・・・・・・・・・・・1.6g
水 ・・・・・・・・・・・・・・・・・・4g
グラニュー糖 ・・・・・・・・・・・・・4g

6 仕上げ

生クリーム ・・・・・・・・・・・・・・5g
グラニュー糖 ・・・・・・・・・・・・・1g

1 抹茶のビスキュイを作る

①卵黄をボウルに入れ、ハンドミキサーでほぐしてグラニュー糖ⓐを加え、白っぽくなるまで混ぜる。

②卵白をハンドミキサー(高速)で全体が細かい泡になるまで泡立てる。

③グラニュー糖ⓑを½量加え、ハンドミキサー(高速)でふんわりツノが立つまで泡立てる。

↓卵黄とメレンゲは混ぜすぎに注意。

↓混ぜすぎ注意。粉が見えるくらい。

↓焼き上がると膨らむので少し間隔を空けて絞る。

④残りのグラニュー糖を加えさらに泡立てる。ツヤが出てツノの先が少しおじぎをするくらいの固さにする。

⑤④のメレンゲに①を一度に加え、ゴムベラでざっくりと切り混ぜる。メレンゲの白い筋が残っている状態でよい。

⑥ふるっておいた粉類を5回に分けて加えざっくりと切り混ぜる。

⑦型紙の上にオーブンシートを敷き、⑥の生地を1cm丸口金をつけた絞り袋に入れ、型紙に沿って側面を絞る。

⑩側面と底の生地を170℃で12〜14分焼き、焼き上がったらオーブンシートごと天板から外して冷ます。

←表面がカラカラになり、少し焼き縮みするくらいの状態がベスト。

⑧型紙に沿って底を絞る。円の中心から外側に向かって絞っていく。

⑨⑦に茶こしで粉糖をふり、1分おいてもう一度たっぷりふる。

2 シロップを作る

①小鍋にグラニュー糖と水を入れ火にかける。沸騰したら火を止めよく混ぜ、グラニュー糖を溶かす（レンジ可）。

②冷めたら抹茶のリキュールを加える。

3 ビスキュイを型に敷く

①冷ましたビスキュイを側面・底の順に型にきっちりと隙間なく敷き詰める（いちごのシャルロット参照（P.73））。

②側面と底にシロップ（2）を打って冷蔵庫で冷やしておく。

4 抹茶のムースを作る

①生クリームを氷水にあて、ハンドミキサーで8分立てに泡立てて冷蔵庫で冷やしておく。

②抹茶に水を入れてペースト状にする。

←固ければ水を足す。

③小鍋に牛乳を入れ、沸騰直前まで温める。

④卵黄をボウルに入れ、ハンドミキサーでほぐしてグラニュー糖を加え白っぽくなるまで混ぜる。

⑤③の牛乳を少しずつ加えてハンドミキサーで混ぜる。

⑥⑤を鍋に戻し、弱火にかけゴムベラで絶えず底を混ぜながら軽くとろみがつく（82℃）まで火にかける。

↓火を止めてからは手早く混ぜて漉す。

⑦火を止めて水気を切ったゼラチンを加え手早く溶かし、②の抹茶ペーストを加えてよく混ぜる。

↓生クリームよりもややゆるいくらい。ダマがあったらもう一度濾す。

↓泡を消さないように混ぜる。ゴムベラで切り混ぜしてもよい。

⑧漉しながら新しいボウルに移し、氷水にあて混ぜながら①の生クリームと同じくらいの固さまでとろみをつける。

⑨①の生クリームを泡立て器で再度8分立てに立てなおし、3回に分けて加え、その都度すくい混ぜでよく混ぜる。

⑩冷やしておいたシャルロット型に⑨のムースを半分まで流し入れ、甘納豆を散らす。

⑪残りのムースを上に流し入れ、トントンと軽く台に打ちつけて表面を平らにし、冷蔵庫で2〜3時間冷やす。

5 抹茶の上掛けを作る

①ゼラチンの水気を切り、ボウルに入れ、湯せんで溶かす(レンジ可)。

②生クリームを氷水にあて、ハンドミキサーで6分立てに泡立てる。

③抹茶に水を入れてペースト状にし、グラニュー糖を加え混ぜる。

④②のボウルに③の抹茶ペーストを加え、①のゼラチンを加えて混ぜて濾す。

←ダマがあればもう一度漉す。

6 仕上げ

①冷蔵庫で冷やし固めておいたシャルロットを型から外す。

②抹茶の上掛け(5)をムースの上にかける。ケーキを持ち上げて傾け、クリームを際まで流す。

③生クリームにグラニュー糖を加え氷水にあて、ハンドミキサーで6分立てに泡立ててクレーム・シャンティーを作る。

④ ③のクレームをコルネに入れて抹茶の上掛けクリームの上に等間隔で円を描く。

⑤竹串を中心から外側に引いて矢羽根模様をつけ、冷蔵庫で10分くらい冷やして完成。

カップ仕立てにして、あんこや白玉をのせたりしても手軽で美味しいです。その場合もひと手間ですが、抹茶の上掛けをかけると美味しさがアップします。

フランクフルタークランツ
→ P.94

マスコットプラリネ
→ P.100

バターの口どけの良さと風味が味わえる、フランスらしい味わいのクレームです。くろねこ軒のお菓子ではお馴染みですが、日本では「好き！」という声をあまり聞かないクレーム・オ・ブール（バタークリーム）。お菓子教室のメニューに登場すると初めて作る方は、「美味しいのよ！」という私を半信半疑の目で見つめてきます。バタークリームは重い、しつこいという印象が強いようですが、教室で作ったバタークリームを一度食べると皆さん「すごく美味しい！ 驚きました」と言ってくれる。「今まで食べず嫌いで損してました」とまで言ってもらえる、果報者のクレームです。

　お家で作ると、出来たての柔らかでみずみずしいクレームが味わえます。この味わいはお店で買ったお菓子ではなかなか出会えない。ぜひ手作りしていただきたいクレームです。

　この本では3種類のベースを使った作り方が出てきます。パータ・ボンブで作るクレームは、濃くしっかりとした味わいが特徴です。くろねこ軒ではマスコットプラリネ(P.100)、マカロン(P.134)などに使います。イタリアンメレンゲベースのクレームは、あっさりとしていて軽い。白い色に仕上がるので着色にも向いています。クッション(P.148)やプードル(P.150)など、造形ものにも活躍します。アングレーズソースベースは口どけが良くしつこさがない。シロップをたっぷり打った生地と相性が良いので、フランクフルタークランツ(P.94)に。

　味の基本がわかったら、どのクレームをどんなお菓子に合わせるかは自由です。このクレームが作れるとお菓子の世界がぐんと広がります。この本では失敗のない最小量を記載していますが、何度やっても上手くいかない場合は量を増やして作り、そこから必要な量を使用するといいでしょう。

　お菓子には少量作るのが難しいものもあり、パータ・ボンブ、イタリアンメレンゲ、アングレーズソースはそれにあたります。鍋の大きさも大事なので、少量に適した小さめの鍋をお使いください。温度計片手の作業は慣れないと大変かもしれませんが、何度か作っているといつの間にか気負いなく出来るようになるものです。ぜひ挑戦してください。

クレーム・オ・ブールのこと

Crème au beurre

85

Crème au beurre

基本のレシピ　3種のクレーム・オ・ブール

フランス菓子でよく使われる基本的な3種のバタークリームの作り方。
味わいや固さなどそれぞれ特徴があり、組み合わせによって味わいのハーモニーが生まれます。

> **バターの戻し方**
> 戻しすぎた（溶けすぎた）バターを使うと冷やしても口どけの悪いクレームになります。室温に置き、柔らかくなったらすぐにハンドミキサーで混ぜ、均一な固さにして使用してください。

`コクがあって口どけが良く濃厚`　　使用ケーキ／マスコットプラリネ (P.100)、マカロン (P.134)、リース (P.136)

パータ・ボンブベースのクレーム・オ・ブール

材料

- グラニュー糖 ・・・・・・・・・・・ 50g
- 水 ・・・・・・・・・・・・・・・・・ 18g
- 卵黄 ・・・・・・・・・・・・・・・・ 20g
- 無塩バター ・・・・・・・・・・・ 100g

本頁右上のバターの戻し方を参照

①小鍋にグラニュー糖と水を入れ、混ぜて中火にかける。沸騰したらもう一度混ぜて110℃まで煮詰める。

↑鍋肌にシロップが跳ねたら、水で濡らした刷毛でぬぐい落とす。

②同時進行でボウルに卵黄を入れ、ハンドミキサー（高速）で白っぽくなるまで混ぜる。

③①が110℃になったら②のボウルに少しずつ加え、ハンドミキサーで混ぜる。

④漉しながら別のボウルに移す。

⑤ハンドミキサーの羽根1本（中速）で人肌に冷めるまで混ぜる。

⑥均一な固さにしたバターを⑤のボウルに3回に分けて加え、ハンドミキサー（低速）で混ぜ合わせる。

⑦まわりに飛び散ったバターをゴムベラで集め、さらに混ぜて完成。

[保形性に優れ、絞り出しに向く] 使用ケーキ／バラのカップケーキ (P.90)、クッション (P.148)、プードル (P.150)

イタリアンメレンゲベースのクレーム・オ・ブール

材料

グラニュー糖 ・・・・・・・・・・・・67g
水・・・・・・・・・・・・・・・・・・・23g
卵白・・・・・・・・40g　室温に戻す
無塩バター ・・・・・・・・・・・・・150g
P.86のバターの戻し方を参照

①小鍋にグラニュー糖と水を入れ、混ぜて中火にかける。沸騰したらもう一度混ぜて115℃まで煮詰める。

②①が100℃になったところで、同時進行でボウルに入れた卵白をハンドミキサー(高速)で、安定はしていないがツノが立つまで泡立てる。

←①と②の作業は同時進行で行うこと。シロップが115℃になった時にメレンゲのツノが立つ状態がベスト。ツノが立った時に、シロップの温度が115℃まで上がっていなかったら、泡立てを止めて待つ。

③①が115℃になったら②のボウルに少しずつ加え、人肌に冷めるまでハンドミキサーで泡立て続ける。分離してきたらハンドミキサーの速度を落とし、ツヤが出て粘りのある強いメレンゲを作る。

④均一な固さにしたバターに③のメレンゲを3回に分けて加え、その都度ハンドミキサー(高速)で混ぜ合わせる。まわりに飛び散ったバターをゴムベラで集め、さらに混ぜて完成。

> ミルキーで柔らかくあっさり　　使用ケーキ / フランクフルタークランツ (P.94)

アングレーズソースベースのクレーム・オ・ブール

材料

牛乳 ···················· 45g
卵黄 ···················· 10g
グラニュー糖 ·········· 40g
無塩バター ············ 70g

P.86のバターの戻し方を参照

①牛乳を小鍋に入れ沸騰直前まで温める。

②同時進行でボウルに卵黄とグラニュー糖を入れ、ハンドミキサー(高速)で白っぽくなるまで泡立てる。

③①の熱い牛乳を少しずつ②に加え、泡立て器で混ぜる。

④③を小鍋に戻し、中火にかけて絶えずゴムベラで混ぜる。

⑤軽くとろみがついたら(82℃)火を止め、漉しながら新しいボウルに移す。

⑥ボウルを氷水にあてゴムベラで混ぜながら冷ます。

⑦均一な固さにしたバターに⑥のアングレーズソースを3回に分けて加え、その都度ハンドミキサー(低速)でゆっくりと混ぜ合わせる。まわりに飛び散ったバターをゴムベラで集め、さらに混ぜて完成。

◀ハンドミキサーを高速にすると分離するので注意。低速でゆっくり長めに泡立てる。

Créme au beurre
バラのカップケーキ

クレーム・オ・ブールで作るバラは、コツを掴めば簡単に作れます。見た目だけではなく、カップケーキとクレームのバランスがとても良く美味しいケーキです。

作り方	**1** シロップを作る	**2** カップケーキを作る	**3** クレーム・オ・ブールを作る	**4** 仕上げ

型の大きさ 直径7cmの マフィン型	**オーブン** 180℃に温めておく **焼き時間** 170℃ 25〜30分	**下準備** ・型に紙カップを敷く ・仕上げのチョコレートの飾りに使用する葉っぱを洗って乾かしておく （本書ではオリーブの葉を使用。葉脈がはっきりと出るものがよい） ・絞り袋にバラ口金をセットする

材料（直径7cmのマフィン4個分）

1 シロップ

グラニュー糖 ・・・・・・・・・・・・・・・・・8g
水・・・・・・・・・・・・・・・・・・・・・・・・8g
キルシュ ・・・・・・・・・・・・・・・・・・・4g

2 カップケーキ

無塩バター ・・・・・・・・・・・45g 室温に戻す
グラニュー糖 ・・・・・・・・・・・・・・・・・70g
塩・・・・・・・・・・・・・・・・・・・・ひとつまみ
全卵 ・・・・・・・ 60g（L約1個分） 室温に戻す
牛乳・・・・・・・・・・・・・・・・・・・・・・30g
薄力粉 ・・・・・・・・・ 75g ⎫
ベーキングパウダー・・ 2g ⎭ 合わせてふるう

3 イタリアンメレンゲベースのクレーム・オ・ブール

※作りやすい分量

グラニュー糖 ・・・・・・・・・・・・・・・67g
水・・・・・・・・・・・・・・・・・・・・・・23g
卵白 ・・・・・・・・・・・・・・40g 室温に戻す
無塩バター ・・・・・・・・・・・・・・・・・150g
　　　　　　　P.86のバターの戻し方を参照
着色用のココア（食紅・食用炭可）・・・・・適宜

4 仕上げ

〈チョコレートの飾り〉

コーティングチョコレート ・・・・・・・・・・適量

1 シロップを作る

①小鍋にグラニュー糖と水を入れ火にかける。沸騰したら火を止めよく混ぜ、グラニュー糖を溶かす（レンジ可）。

②冷めたらキルシュを加える。

2 カップケーキを作る

①室温に戻し柔らかくなったバターを泡立て器でクリーム状にする。

②塩とグラニュー糖を2～3回に分けて加え、すり混ぜる。

③卵をほぐし、3回に分けて加えてその都度泡立て器で混ぜる。

④牛乳の1/2量を少しずつ加えて混ぜる。

⑤ふるっておいた粉類の1/2量をもう一度ふるいながら加えて混ぜる。④と⑤を繰り返す。

⑥粉っぽさがなくなったら泡立て器を立てて15回混ぜ、逆回しで15回円を描くように混ぜる。

⑦紙を敷いた型に生地を流し入れ、170℃のオーブンで25～30分焼く。

⑧焼き上がったら型から出し、熱いうちにシロップ（1）を刷毛で打ち、ケーキクーラーの上で冷ます。

←きれいな焼き色がついて竹串を中心にさして、生地がついてこなければ焼き上がり。

3 クレーム・オ・ブールを作る

①基本のレシピ イタリアンメレンゲベースのクレーム・オ・ブール(P.87)を作り、お好みで食用色素、ココアなどで色をつける。

②バラ口金をつけた絞り袋に入れる。

4 仕上げ

①バラの形にクレーム・オ・ブールを絞る。カップの裏など、平らなところに芯を作り、一度冷やし固める。

②花びらを一枚ずつ絞っていく。口金を口の細い方を上、太い方を下にして扇形に動かし、同時にカップを回しながら芯に巻きつけるように絞る。上部の開き具合で、つぼみや開いた花を作る。バラの形にしたら冷凍庫で冷やし固める。

↓夏場はクレームがダレてきたら冷蔵庫で冷やす。

③冷めたカップケーキの上にクレーム・オ・ブールを塗り、冷やし固めたバラをスパテラでのせる。

④コーティングチョコレートを溶かし、用意しておいた葉に均一の厚みに塗り、冷蔵庫で冷やし固める。固まったらケーキに飾り完成。

↑使う直前に冷蔵庫から取り出し、チョコレートを折らないようにそっとはがす。

バラの絞りは練習あるのみ！ 絞る時には、手が温かい人は手を冷やしながら絞ってください。溶けてしまったクレーム・オ・ブールはもう使えませんので、少しずつ絞り袋に入れるのもコツです。

バラのカップケーキ　93

Créme au beurre

フランクフルタークランツ

ドイツの銘菓、「フランクフルトの王冠」です。アングレーズベースのクレーム・オ・ブールの、柔らかくミルキーな美味しさを堪能できるケーキです。

作り方	**1** ヴィーナーマッセ（生地）を作る	**2** クレーム・オ・ブールを作る	**3** クロカントを作る	**4** シロップを作る	**5** 仕上げ

型の大きさ 直径15cmの リング型	**オーブン**　190℃に温めておく **焼き時間**　180℃　約17分	**下準備** ・無塩バター（分量外）をたっぷりと塗った型を冷蔵庫で冷やす 　バターが固まったら強力粉（分量外）を適量ふるって余分な粉をはらい、使うまで冷蔵庫で冷やしておく ・コルネ（P.14）を作る

材料（直径15cmのリング型1台分）

1 ヴィーナーマッセ（生地）

全卵 ・・・・・・・・・・・・・・・・ 70g　室温に戻す
グラニュー糖 ・・・・・・・・・・・・・・・・ 35g
薄力粉 ・・・・・・・・・25g ⎫ 合わせて2回ふるう
コーンスターチ ・・・25g ⎭
バニラビーンズ ・・・・・・・・・・・・・・・・ 1/8本
レモン皮のすりおろし ・・・・・・・・・・・ 1/4個
無塩バター ・・・・・・ 13g　湯せんしておく

2 アングレーズソースのクレーム・オ・ブール

牛乳 ・・・・・・・・・・・・・・・・・・・・・ 45g
卵黄 ・・・・・・・・・・・・・・・・・・・・・ 10g
グラニュー糖 ・・・・・・・・・・・・・・・・ 40g
無塩バター ・・・・・・・・・・・・・・・・ 70g
　　　　P.86のバターの戻し方を参照

3 クロカント

グラニュー糖 ・・・・・・・・・・・・・・・・ 30g
水 ・・・・・・・・・・・・・・・・・・・・・・ 10g
アーモンドダイス ・・・・・・・・・・・・・ 30g

4 シロップ

グラニュー糖 ・・・・・・・・・・・・・・・・ 10g
水 ・・・・・・・・・・・・・・・・・・・・・・ 10g
キルシュ（ブランデー、ラムでも可）・・・・ 10g

5 仕上げ

フランボワーズジャム ・・・・・・・・・・・・ 25g
小鍋に入れて少量の水を加え、火にかけて少し煮詰め冷ましておく（レンジ可）
粉糖 ・・・・・・・・・・・・・・・・・・・・ 適量

Crème au beurre

1 ヴィーナーマッセ（生地）を作る

①卵をボウルに入れてほぐし、グラニュー糖を加え、湯せんで40℃まで混ぜながら温める。

②湯せんから外し、白っぽくもったりとするまでハンドミキサー（高速）で泡立てる（生地で描いた線が残るくらいまで）。

↓キメを整える作業。1分かけて1周させる。

③羽根を1本にして低速で④〜⑥まで1ヵ所10秒ずつミキシング。ミキサーを持つ手は動かさず、ボウルを動かす。

④ふるっておいた粉類をもう一度ふるいながら全て加え、粉気が消えるまでゴムベラで返し混ぜする。

⑤こそぎ出したバニラビーンズとレモンの皮のすりおろしを加えて混ぜる。

⑥熱いバターを散らすように加え、バターの筋が消えツヤが出るまで返し混ぜする。

⑦冷やしておいた型に⑥の生地を流し入れて軽く台に打ちつけ、空気を抜いたら表面に霧を吹く。

⑧180℃のオーブンで17分焼く。

↑表面全体に均一に焼き色がつき、竹串を数ヵ所さして生地がついてこなければ焼き上がり。

⑨焼き上がったら型から出して逆さにして冷ましておく。

2 クレーム・オ・ブールを作る

基本のレシピ アングレーズソースベースのクレーム・オ・ブール（P.88）を作る。

3 クロカントを作る

①小鍋にグラニュー糖と水を入れて混ぜ、火にかける。

②115℃になったら火からおろしてアーモンドダイスを加え、ゴムベラで白く結晶ができるまで混ぜる。

③弱火にかけ、うすいキツネ色になるまでゴムベラでかき混ぜながら炒める。

④バットなどに広げて冷ます。

 クロカントは白すぎず、焼き色がつきすぎない程度に。

色が白すぎる場合

焼き色がつきすぎた場合

4 シロップを作る

①小鍋にグラニュー糖と水を入れ火にかける。沸騰したら火を止めよく混ぜ、グラニュー糖を溶かす(レンジ可)。

②冷めたらキルシュを加える。

5 仕上げ

①冷ましておいた生地(**1**)を3枚にスライスし、シロップ(**4**)を打つ。

②1段目の生地にクレーム・オ・ブール(**2**)を塗ってスパテラで平らにならす。

③クレーム・オ・ブールの上に竹串で均等に2重の円を描く。

④フランボワーズジャムをコルネに入れ、③の線に沿って絞る。

↓穴の内側にも忘れずに塗る。

⑤2段目の生地をシロップ面を上にしてのせ、クレーム・オ・ブールを塗ってスパテラで平らにならす。

⑥真ん中に竹串で円を描き、線に沿ってフランボワーズジャムを絞る。

⑦3段目の生地をのせ、ずれないように手で押さえて整える。

⑧残りのクレーム・オ・ブールを全体に塗る。

⑨クロカント(**3**)をのせ、手で押さえながらケーキ全体に隙間なく貼りつける。

⑩茶こしで全体に粉糖をふって完成。

アーモンドの炒り加減で味わいの印象が変わります。浅すぎると淡い味わいになり、歯ごたえもカリッとしません。何度か作ってみて色のつき具合を覚えてください。

Créme au beurre

マスコットプラリネ

歴史の古いフランス菓子。ナッティーなクレーム・オ・ブールの美味しさが存分に味わえるアントルメです。アーモンドにシロップをかけて焼くと、サクッとした香ばしさが生まれます。

作り方	1 ジェノワーズを作る	2 ヌガティーヌを作る	3 シロップを作る	4 仕上げ用スライスアーモンドを作る	5 クレーム・オ・ブールを作る	6 仕上げ

型の大きさ 直径12cmの丸型	オーブン　190℃に温めておく 焼き時間　180℃　約28〜30分	下準備 焼き型に紙を敷く

材料（直径12cmの丸型1台分）

1 ジェノワーズ
全卵 ・・・・・・・・・・・・90g　室温に戻す
グラニュー糖 ・・・・・・・・・・・45g
薄力粉 ・・・・・・・・・45g　2回ふるう
無塩バター ・・・・・・・・・・・・・20g
　　　　　　湯せんにかけておく（レンジ可）

2 ヌガティーヌ
グラニュー糖 ・・・・・・・・・・・・・・19g
アーモンドスライス ・・・・・・・・・・10g

3 シロップ
グラニュー糖 ・・・・・・・・・・・・・57g
水 ・・・・・・・・・・・・・・・・・・44g
キルシュ ・・・・・・・・・・・・・・・16g

4 仕上げ用スライスアーモンド
アーモンドスライス ・・・・・・・・・100g
シロップ（**3**のシロップから取り分ける）・・20g
無塩バター ・・・・・・・・10g　溶かしておく

5 パータ・ボンブベースのクレーム・オ・ブール（プラリネ風味）
グラニュー糖 ・・・・・・・・・・・・・40g
水 ・・・・・・・・・・・・・・・・・・18g
卵黄 ・・・・・・・・・・・・・・・・・20g
無塩バター ・・・・・・・・・・・・・100g
　　　　　P.86のバターの戻し方を参照
プラリネペースト（市販）・・・・・・・・20g

6 仕上げ
粉糖 ・・・・・・・・・・・・・・・・・・適量

Crème au beurre

1 ジェノワーズを作る

①卵をボウルに入れてほぐし、グラニュー糖を加えてよく混ぜる。

②①を60〜70℃の湯せんにかける。卵液が40℃になるまで、混ぜながら温める。

③湯せんから外し、白っぽくもったりとするまでハンドミキサー(高速)で泡立てる(生地で描いた線が残るくらいまで)。

④ふるっておいた粉をもう一度ふるいながら全て加え、粉気が消えるまでゴムベラで返し混ぜする。

⑤熱いバターと牛乳に④をお玉一杯程度入れよく混ぜ、④のボウルに全体に散らすように戻す。

⑥バターの筋が消えるまで返し混ぜする(30〜40回)。

⑦紙を敷いた型に生地を流し入れ、軽く台に打ちつけ空気を抜いたら180℃のオーブンで約28〜30分焼く。

⑧焼き上がったら少し高い位置から型ごと軽く台に落とし、焼き縮みを防ぐ。型から外し、紙も外してケーキクーラーの上で逆さまにして冷ます。冷めたら上下を元に戻す。

➡焼き色がしっかりとついて、中央を手の平で触ると戻ってくるような弾力感があり、竹串をさして生地がついてこなければ焼き上がり。

2 ヌガティーヌを作る

①小鍋にグラニュー糖を入れてキャラメル色になるまで煮詰める。

➡キャラメルは薄すぎず、濃すぎないように。

②火を止めてアーモンドスライスを加え、ゴムベラでキャラメルをしっかりとからませる。

③手早くオーブンペーパーの上に薄く広げて冷まし、冷めたら手で適当な大きさに砕く。

3 シロップを作る

①小鍋にグラニュー糖と水を入れ、火にかける。沸騰したら混ぜてグラニュー糖を溶かす。

②そのまま弱火にかけて、少し濃度がつくまで2分ほど煮詰める。

③冷めたら60gを取り分け、そこにキルシュを加える(シロップⓐ)。20gは仕上げ用スライスアーモンド(4)に使用(シロップⓑ)。

4 仕上げ用スライスアーモンドを作る

①オーブンを160℃に温める。

②アーモンドスライスとシロップⓑ(**3**)をボウルに入れてざっと混ぜ、オーブンシートを敷いた天板に広げる。

③160℃のオーブンで薄い焼き色がつくまで約15分焼き、溶かしバターを刷毛で全体に散らす。

↓写真の焼き色になるくらいまで焼く。

④再度オーブンに入れ、こんがりとした濃いめのキツネ色になるまで焼き、冷ましておく。

5 クレーム・オ・ブールを作る

①基本のレシピ 3種のクレーム・オ・ブールを参照。パータ・ボンブベースのクレーム・オ・ブール(P.86)を作る。

②①のクレームにプラリネペーストを3回に分けて加え、その都度よく混ぜる。

6 仕上げ

①冷ましておいたジェノワーズ(**1**)の上の焼き目を薄く切り落とす。

②残りのジェノワーズを3枚に均等にスライスし、シロップⓐ(**3**)を両面にたっぷり打つ。

③底面のジェノワーズを置き、クレーム・オ・ブール(**5**)をスパテラで塗り平らにならす。

マスコットプラリネ 103

④クレーム・オ・ブールの上に、砕いたヌガティーヌ(**2**)の½量をケーキの中心を空けて均等に散らす。

⑤2段目のジェノワーズを重ね、シロップを打ち足す。

⑥③と④を繰り返し、クレーム・オ・ブールの上に残りのヌガティーヌを全て散らす。

⑦最後のジェノワーズをシロップ面を下にして、ずれがないように重ねる。シロップが余っていれば上面に打ち、残りのクレーム・オ・ブールを全体に塗る。

⑧スライスアーモンド(**4**)を上面に均等に貼りつけ、側面にも同様に貼りつける。

⑨リボンをかけて茶こしで粉糖をふって完成。

ムラなくカリッと香ばしい仕上がりにするために、スライスアーモンドは焼いている間に何度か混ぜてください。キルシュシロップは多めですが出来るだけ打ちきるようにしてください。お酒を入れない場合でもシロップは必ず打ちましょう。

4
シューのお菓子
Chou à la crème

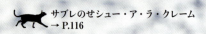
サブレのせシュー・ア・ラ・クレーム
→ P.116

スワン
→ P.120

107

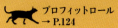 プロフィットロール
→ P.124

ルリジューズ
→ P.128

シュー・ア・ラ・クレームのこと

　フランス語で「キャベツ」という意味をもつシュー。ふっくらと膨らんだシューは型いらずで大きさも自由自在、実は結構自由がきくパータ(生地)です。基本のシューは、くろねこ軒で長年変えることなく作ってきた定番で、しっかりとした焼き色、中までばりっと乾いたフランスらしい力強い味です。皮だけ食べても濃い味わいなので、プロフィットロール(P.124)やルリジューズ(P.128)などの濃厚なガナッシュやチョコレートのクレームと相性がとても良いです。一方で、新しいバランスのシュー・ア・ラ・クレームにも挑戦したくて日々試行錯誤を繰り返しています。その中で生まれたサブレのせシュー・ア・ラ・クレーム(P.116)は、形がきれいに丸くなり甘みも加わるので、カリッと軽い皮自体の美味しさも増します。上手にできると空洞が大きくなるので、中に入るクレームもたっぷり。こちらはソフトクリームのようなやさしい印象に仕上げています。

　シューとクレーム・パティシエールは、「こんな味にしたい」という目標が達成しやすいお菓子なのではないかと思います。例えばシューの皮を固く(柔らかく)、クリームを濃厚に(あっさりと)などは、比較的簡単に出来るのです。ただ、シューとクレームを理想通りに作れたとしても、その先の両者を一緒に食べた時の一体感とコントラストのある美味しさを生み出すのがなかなか難しく、試行錯誤が必要かもしれません。でもそこが面白いところではないでしょうか。

　応用のシュー菓子は手間のかかるものが多くなっています。中でもルリジューズはフランスの製菓学校ベルエ・コンセイユのレシピにならったもので、材料も工程も多いです。プロフィットロールも時間がかかります。でも、ひとつひとつ工程を重ねていけば難しくはないのです。

　シュー菓子は敷居が高いかもしれませんが、ポイントを押さえて作っていくと意外と難易度は低いお菓子です。出来上がった時の美味しさと達成感が味わえるシュー菓子。ぜひ腕まくりして挑戦してください。

Chou à la crème

基本のレシピ　シュー・ア・ラ・クレーム

ゴツゴツ固めの皮のフランス風シュー。中のクレームも濃い味です。
コツをつかめば実は失敗の少ないお菓子です。

大きさ 型紙→P.15 直径4cmの シュークリーム	オーブン　210℃に温めておく 焼き時間　200℃ 10分→ 180℃ 15〜20分 →150℃ 10分	下準備 ・天板に型紙 (P.15) とオーブンシートを敷く ・絞り袋に1cm丸口金をセットする

材料（シュー・ア・ラ・クレーム約8個分）

パータ・シュー

水 ・・・・・・・・・・・・・・ 25g　室温に戻す
牛乳 ・・・・・・・・・・・・・ 25g　室温に戻す
グラニュー糖 ・・・・・・・・・・・・・・ 2g
塩 ・・・・・・・・・・・・・・・・・・・・・・ 1g
無塩バター … 20g　刻んでから室温に戻す
薄力粉 ・・・・・・ 15g ⎤合わせて2回ふるう
強力粉 ・・・・・・ 15g ⎦
全卵 ・・・・・・・60g(L約1個分)　室温に戻す
予備の卵（全卵か卵白） ・・・・・・・・・適宜

クレーム・ディプロマット（1個につき40g使用）
〈クレーム・パティシエール〉

牛乳 ・・・・・・・・・・・・・・・・・ 200g
バニラビーンズ ・・・・・・・・・・・ ⅛本
卵黄 ・・・・・・・・・・・40g(L約2個分)
グラニュー糖 ・・・・・・・・・・・・・ 40g
薄力粉 ・・・・・ 13g ⎤合わせて2回ふるう
コーンスターチ ・ 7g ⎦
無塩バター ・・・・・・・・・・・・・・・ 8g

〈クレーム・シャンティー〉

生クリーム（脂肪分45〜47%）・・・・・・ 100g
グラニュー糖 ・・・・・・・・・・・・・ 10g

粉糖 ・・・・・・・・・・・・・・・・・・・・・・適量

シュー生地に使用する卵の量について
パータ・シューの卵はレシピの全卵L1個
分が入りきらない可能性があるので、一
度に全量は加えないようにしてください。
逆にレシピの分量では足りない場合もあ
るので予備の卵は必ず用意しましょう。
最後は様子を見ながら少量ずつ慎重に加
えて、その都度生地の状態をチェックし
ましょう。

112

1 パータ・シューを作る

↓沸騰した時にバターが完全に溶けきっていること。

①鍋に水、牛乳、グラニュー糖、塩、刻んだバターを入れて混ぜ、中火にかけ沸騰させる。

②火を止めふるった粉類を一度に加えゴムベラで混ぜる。

↓生地を鍋底に広げるように火を通す。

③まとまったら再び中火にかける。

④生地に透明感が出て、ひとまとまりになったらボウルに移す。

⑤ハンドミキサー羽根1本で生地をざっとはぐしてから溶いておいた卵の1/2量を加え、なじむまで混ぜる。

⑥残った卵のさらに1/2量を加え、同様に混ぜ生地の固さをチェックする。

↓全量の卵を入れてもまだ固い場合は予備の卵（卵白でも良い）を少しずつ加えて丁度良い固さにする。

⑦生地が写真の固さ（ヘラで持ち上げると生地が三角に落ちるくらい）になっていなければ残った卵を少しずつ加え調整する。

↓生地が温かいうちに絞ること。一度に焼けない場合は絞って冷凍しておく。

⑧1cm丸口金をつけた絞り袋に生地を入れ、型紙の上に重ねたオーブンシートに絞る。

⑨絞った生地のツノを水で濡らした指で押さえていく。

⑩霧吹きでたっぷり霧を吹きオーブンで焼く（200℃10分→180℃15〜20分→150℃10分）。

⑪全体に濃い焼き色がつき、底を指で叩くとコンコンと乾いた音がしたら焼き上がり。

基本のレシピ　シュー・ア・ラ・クレーム　113

2 クレーム・ディプロマットを作る

①牛乳を入れた鍋に割いたバニラビーンズの中身をこそぎ出し、さやも一緒に鍋に入れ、中火にかけて沸騰直前まで温める。

②卵黄をボウルに入れ、ハンドミキサーでほぐしてグラニュー糖を加え、白っぽくもったりするまで泡立てる。

↓混ぜすぎ注意。粉が見えるくらい。

③ふるっておいた粉類をもう一度ふるい入れ、ざっくりと混ぜる。

④①の熱い牛乳を加えてボウルでよく混ぜ、漉しながら鍋に戻す。

⑤強めの中火にかけてゴムベラで絶えず混ぜ、サラサラになったら火を止める。

←熱が入って固くなり、さらに2〜3分混ぜ続けるとサラッとして軽くなる。そこで火を止める。

⑥バターを加えて手早く混ぜ溶かし、ボウルに移す。

⑦空気が入らないようにぴったりとラップをかけ、氷水にあてて冷ます。カスタードをはがし上下を逆にして、さらに氷水にあてて完全に冷やす。

⑧別のボウルに生クリームとグラニュー糖を入れ、氷水にあて9分立てまで泡立てる。

↓戻しすぎるとコシがなくなるので注意。

⑨冷えた⑦のカスタードをゴムベラかハンドミキサー羽根1本でツヤが出るまで戻す。

↓ほとんど混ざっていないくらいでOK。

⑩⑧のクレーム・シャンティーを2回に分けて加え、さっくり合わせる。

3 仕上げ

①冷めたシュー(**1**)を下から2/3くらいのところでカットする。

②1cm丸口金をつけた絞り袋にクレーム(**2**)を入れ、シューに約40g絞り入れる。

③上部分のシューで蓋をし、粉糖をたっぷりふって完成。

> シューを上手に焼くためのポイントは、オーブンの温度と焼時間を3段階に分けること。注意しなければならないのは、途中でオーブンの中が気になっても、膨らみきるまでは絶対に扉を開けないこと。シューがしぼんでしまう原因になります。

基本のレシピ　シュー・ア・ラ・クレーム　115

Chou à la crème
サブレのせシュー・ア・ラ・クレーム

少々手間に感じるかもしれませんが、シュー生地にサブレをのせるだけで丸くかわいらしい形に。大きく膨らむので実は初心者にもおすすめのシューです。

作り方	**1** サブレを作る	>	**2** パータ・シューを作る	>	**3** クレーム・ディプロマットを作る	>	**4** 仕上げ

大きさ 型紙→P.15 直径4cmの シュークリーム	**オーブン** 210℃に温めておく **焼き時間** 200℃ 12分→180℃ 12分→150℃ 30分	**下準備** ・天板に型紙 (P.15) とオーブンシートを敷いておく ・絞り袋に1cm丸口金をセットする

材料 (シュークリーム約8個分)

1 サブレ
薄力粉 ・・・・・・・・・・・・・・・・・・・37g
グラニュー糖 ・・・・・・・・・・・・・・22g
無塩バター ・・・・・・・・・・・・・・・26g
　　　　　　1cm角に切り冷蔵しておく
牛乳 ・・・・・・・・9g　冷蔵庫で冷やしておく

2 パータ・シュー
水 ・・・・・・・・・・・・・12g　室温に戻す
牛乳 ・・・・・・・・・・・・32g　室温に戻す
グラニュー糖 ・・・・・・・・・・・・・2g
塩 ・・・・・・・・・・・・・・・・・・・1g
無塩バター ・・・28g　刻んでから室温に戻す
薄力粉 ・・・・・・・・・32g ⎫合わせて2回ふるう
強力粉(薄力粉でも可) ・4g ⎭
全卵 ・・・・・・・・・・・・68g　室温に戻す
予備の卵(全卵か卵白) ・・・・・・・・・・・適宜

3 クレーム・ディプロマット(1個につき43g使用)
〈クレーム・パティシエール〉
牛乳 ・・・・・・・・・・・・・・・・・167g
バニラビーンズ ・・・・・・・・・・・・1/8本
卵黄 ・・・・・・・・・・・・・・・・・L2個
グラニュー糖 ・・・・・・・・・・・・・50g
薄力粉 ・・・・・・・・・8g ⎫合わせて2回ふるう
コーンスターチ ・・・・3g ⎭
無塩バター ・・・・・・・・・・・・・・・7g
〈クレーム・シャンティー〉
生クリーム(脂肪分45〜47%) ・・・・・・・130g
グラニュー糖 ・・・・・・・・・・・・・5g

4 仕上げ
粉糖 ・・・・・・・・・・・・・・・・・適量

1
サブレを作る

①薄力粉とグラニュー糖をフードプロセッサーにかけ、冷蔵しておいたバターを加え、粉チーズ状になるまで撹拌する。

②冷えた牛乳を加え、ひとまとまりになるまでさらに撹拌する。

③生地をラップに包み、手で直径4cmの棒状にまとめ冷凍庫に入れる。

④切れる固さになったら2mmの厚さにカットして、使うまで冷凍庫に入れておく。

2
パータ・シューを作る

①基本のレシピ シュー・ア・ラ・クレーム（P.113）1-①～⑨の作り方でパータ・シューを作る。

↑基本のレシピ③の工程で、生地がまとまってから、さらにツヤが出るまで火を通すこと。しっかり火を通すと基本のシューよりも皮が薄く空洞の大きなシューができます。

②冷凍しておいたサブレ生地（1）を上にのせ、霧吹きでたっぷり霧を吹きオーブンで焼く（200℃ 12分→180℃ 12分→150℃ 30分）。

③全体がキツネ色になり、底を指で叩くとコンコンと乾いた音がしたら焼き上がり。

3 クレーム・ディプロマットを作る

基本のレシピ シュー・ア・ラ・クレーム (P.114) **2**-①〜⑩の作り方でクレーム・ディプロマットを作る。

4 仕上げ

①冷めたシュー(**2**)を下から2/3くらいのところでカットする。

②1cm丸口金をつけた絞り袋にクレーム(**3**)を入れ、シューに約43g絞り入れる。

③上部分のシューで蓋をし、茶こしで粉糖をたっぷりふって完成。

基本のシューにくらべてパータ・シューが大きく膨らみやすいのでシューを絞る間隔を広めに取ってください。
シューが上手にできると空洞が大きくなるので、クレームをたっぷり絞りたい場合は多めに作るか生クリームを増やすなどして量を調整しましょう。

Chou à la crème
スワン

作るプロセスが楽しく、食べても美味しい白鳥。黒鳥の見た目はインパクトがありますが、味は普通のシューとほとんど変わりません。作る楽しさを実感できるお菓子です。

作り方	**1**		**2**		**3**		**4**
	パータ・シューを作る	〉	クレーム・パティシエールを作る	〉	クレーム・シャンティーを作る	〉	仕上げ

大きさ	**オーブン**	210℃に温めておく	**下準備**
型紙→P.15	**焼き時間**	胴体　　200℃ 10分→180℃ 30分→150℃ 5分	・天板に型紙 (P.15) とオーブンシートを敷く
スワン		首と尾　170℃ 15〜20分	・絞り袋に1cm丸口金をセットする
			・絞り袋に3mm丸口金をセットする、またはコルネ (P.14) を準備する

材料 (白鳥・黒鳥各4個分)

1 パータ・シュー

〈白鳥〉

水 · · · · · · · · · · · · ·	25g	室温に戻す
牛乳 · · · · · · · · · · ·	25g	室温に戻す
グラニュー糖 · · · · · · · · · · · · ·	2g	
塩 · · · · · · · · · · · · · · · · · · ·	1g	
無塩バター · · · · · ·	20g	刻んで室温に戻す
薄力粉 · · · · · · · · ·	15g	⎫
強力粉 · · · · · · · · ·	15g	⎭ 合わせて2回ふるう
全卵 · · · · · · · · · · ·	60g	室温に戻す
予備の卵(全卵か卵白) · · · · · · · · ·	適宜	

〈黒鳥〉

水 · · · · · · · · · · · · ·	25g	室温に戻す
牛乳 · · · · · · · · · · ·	25g	室温に戻す
グラニュー糖 · · · · · · · · · · · · ·	2g	
塩 · · · · · · · · · · · · · · · · · · ·	1g	
無塩バター · · · · · ·	20g	刻んで室温に戻す
薄力粉 · · · · · · · · ·	13g	⎫
強力粉 · · · · · · · · ·	13g	⎭ 合わせて2回ふるう
ブラックココア · · · · ·	5g	
全卵 · · · · · · · · · · ·	60g	室温に戻す
予備の卵(全卵か卵白) · · · · · · · · ·	適宜	

2 クレーム・パティシエール(1個につき約28g使用)

牛乳 ·	200g
バニラビーンズ · · · · · · · · · · · · · ·	1/8本
卵黄 ·	L2個
グラニュー糖 · · · · · · · · · · · · · ·	50g
薄力粉 · · · · · · · · · 13g ⎫	
コーンスターチ · · · · 7g ⎭ 合わせて2回ふるう	
無塩バター · · · · · · · · · · · · · · · · ·	8g

3 クレーム・シャンティー(1個につき約25g使用)

生クリーム · · · · · · · · · · · · · · · ·	200g
グラニュー糖 · · · · · · · · · · · · · ·	20g

4 仕上げ

粉糖 ·	適量

Chou à la crème

スワン　121

1
パータ・シューを作る

①基本のレシピ シュー・ア・ラ・クレーム(P.113) **1**-①〜⑦の作り方でパータ・シューを作る。黒鳥は粉類とブラックココアを合わせてふるい、同様に作る。

②1cm丸口金をつけた絞り袋に入れ型紙の上に重ねたオーブンシートに絞る。

首と尾は3mm丸口金(コルネで代用可)で絞る。すぐに焼かない場合は冷蔵庫に入れておく。

③胴体に霧吹きでたっぷり霧を吹き、オーブンで焼く(200℃10分→180℃30分→150℃5分)。

④首と尾に霧を吹き、オーブンで焼く(170℃15〜20分)。

↑首と尾は焦げないように良い色になったら取り出して冷ます。

2
クレーム・パティシエールを作る

基本のレシピ シュー・ア・ラ・クレーム(P.114) **2**-①〜⑦の作り方でクレーム・パティシエールを作る。

3
クレーム・シャンティーを作る

ボウルに生クリームとグラニュー糖を入れ、氷水にあてながら8分立てに泡立てる。

4
仕上げ

①冷ました胴体(**1**)を尾が高くなるように、胸に向かって少し斜めに切り離し、上部分をさらに半分にカットして羽にする。

122

↓戻しすぎるとコシがなくなるので注意。

②クレーム・パティシエール(2)をゴムベラかハンドミキサーの羽根1本でツヤが出るまで戻し、1cm丸口金をつけた絞り袋で胴体部分に絞る(約28g)。

③クレーム・シャンティー(3)を星口金をつけた絞り袋に入れ、②の上に胸から尾に向かって高くなるように絞る(約25g)。

④絞ったクレーム・シャンティーを挟むように羽をつける。

⑤首と尾をつけ、白鳥には粉糖をたっぷりふって完成。

美しく仕上げるコツは、クレーム・シャンティーを絞る時にお尻を高くたっぷりと絞ること。途中、みにくいアヒルの子みたいでも羽、尾、首をつけたら美しい白鳥(黒鳥)に変身しますから諦めないで。

Chou à la crème
プロフィットロール

小さなシューを山型に積み上げたフランス菓子。お祝いの席によく登場します。ソースを上からかける演出で盛り上がる、イベント性の高いお菓子です。

作り方	**1** タルト生地を作る	**2** ジェノワーズショコラを作る	**3** パータ・シューを作る	**4** チョコレートソースを作る	**5** クレーム・ディプロマットを作る	**6** 仕上げ

大きさ
型紙→P.15
直径3cmの
シュークリーム

型の大きさ
タルト生地
直径12cmタルト型
ジェノワーズ生地
直径12cm丸型

オーブン　210℃に温めておく
焼き時間 **タルト生地**　重石をして180℃10分→重石を外して170℃10分
　　　　　　パータ・シュー　200℃ 10分→180℃ 12分→150℃ 20分

下準備
・天板にシュークリームの型紙（P.15）と
　オーブンシートを敷く
・絞り袋に7mm丸口金、1cm丸口金、
　星口金をセットする

材料（3cmシュー10個を使ったプロフィットロール2台分）

1 タルト生地(直径12cm2台分)

薄力粉	68g
粉糖	28g
アーモンドパウダー	10g
塩	ひとつまみ
無塩バター	40g　1cm角に切り冷蔵しておく
全卵	14g

2 ジェノワーズショコラ(直径12cm1台分)

全卵	60g(L約1個分)　室温に戻す
グラニュー糖	28g
薄力粉	24g ⎫ 合わせて2回ふるう
ココア	4g ⎭
無塩バター	3g

3 パータ・シュー

水	25g　室温に戻す
牛乳	25g　室温に戻す
グラニュー糖	2g
塩	1g
無塩バター	20g　刻んでから室温に戻す
薄力粉	15g ⎫ 合わせて2回ふるう
強力粉	15g ⎭
全卵	60g　室温に戻す
予備の卵(全卵か卵白)	適宜

4 チョコレートソース

スイートチョコレート	50g　刻んでおく
牛乳	56g
生クリーム	21g
無塩バター	7g

5 クレーム・ディプロマット(1個につき約10g使用)
〈クレーム・パティシエール〉

牛乳	167g
バニラビーンズ	1/8本
卵黄	L2個
グラニュー糖	50g
薄力粉	8g ⎫ 合わせてふるう
コーンスターチ	3g ⎭
無塩バター	7g

〈クレーム・シャンティー〉

生クリーム(脂肪分45〜47%)	50g
グラニュー糖	5g

6 仕上げ〈クレーム・シャンティー〉

生クリーム	50g
グラニュー糖	5g

1 タルト生地を作る

①薄力粉と粉糖、アーモンドパウダー、塩をフードプロセッサーにかけ、冷蔵しておいたバターを加え粉チーズ状になるまで撹拌する。

②卵を入れひとまとまりになるまでさらに撹拌する。

③生地をひとまとめにしてラップに包み、冷蔵庫で2時間休ませる。

④生地を台の上に置き、めん棒で叩いて均一の固さにし3mmの厚さにのばす。

⑤タルト型に敷き込んで型の上からめん棒を転がし余分を落とす。

⑥指で型よりも3mm上に押し上げる。

⑦フォークでピケし、冷凍庫で30分以上凍らせる。

⑧冷凍した⑦のタルト生地の上にオーブンペーパーを敷き、重石をのせ180℃で10分焼く。

⑨オーブンシートごと重石を外し、170℃で10分焼く。内側は薄めの焼き色、外側は全体に濃い焼き色がついたら出来上がり。

↑重石を外した時にオーブンシートに生地がつくようならもう少し焼く。

⑩冷まして型から外す。

2 ジェノワーズショコラを作る

基本のレシピ ジェノワーズ(P.22)①～⑨の作り方で、粉とココアを合わせてふるいジェノワーズショコラを焼いて、冷ましておく。

↑ココアに消泡作用があるので、基本のジェノワーズよりも生地を返し混ぜする回数を半分に。焼き時間は170℃約20分に調整してください。

3 パータ・シューを作る

①基本のレシピ シュー・ア・ラ・クレーム(P.113) 1-①～⑨の作り方でパータ・シューを作る。

②霧吹きでたっぷり霧を吹きオーブンで焼く(200℃10分→180℃12分→150℃20分)。

↑基本のシューと焼き時間が違うので注意。

←全体に濃い焼き色がつき、底を指で叩くとコンコンと乾いた音がしたら焼き上がり。

4 チョコレートソースを作る

① スイートチョコレート、牛乳、生クリームを小鍋に入れ、弱火にかける（レンジ可）。
② チョコレートが溶けたら火を止め、バターを入れて溶かす。
③ 氷水にあて、混ぜながら冷ます。

5 クレーム・ディプロマットを作る

基本のレシピ シュー・ア・ラ・クレーム（P.114）**2**-①〜⑩の作り方でクレーム・ディプロマットを作る。

6 仕上げ

↓クレームがはみ出さない程度に絞る。

① 冷めたシューの底に菜箸などで穴を開け、7mm丸口金をつけた絞り袋でクレーム・ディプロマット（**5**）を約10g絞り入れる。

② 仕上げ用クレーム・シャンティーを作る。ボウルに生クリームとグラニュー糖を入れ、氷水にあて8分立てに泡立て、星口金をつけた絞り袋に入れ冷蔵庫に入れておく。

③ 厚さ1cmに切ったジェノワーズ（**2**）をタルト（**1**）の底に合わせて大きさを調整し、タルトに敷く。

④ ②のクレーム・シャンティーをシューの底につけながら、③のタルトの上に積んでいく。シューとシューの間にもクレームを絞り固定する。

⑤ 食べる直前にチョコレートソース（**4**）をかけて仕上げる。

タルトとジェノワーズを省いてシューとソースだけを作り、深めのお皿に積んでも。チョコレートソースをかけたらすぐに召し上がってください。

プロフィットロール

Chou à la crème
ルリジューズ

「修道女」の名前がついたフランスらしい濃厚なシュー菓子。クレーム・パティシエール、ガナッシュ、フォンダンショコラのチョコレート3重奏が満足感のある美味しさを作り出します。

作り方	1 サブレを作る	2 パータ・シューを作る	3 クレーム・パティシエール・ショコラを作る	4 仕上げ

大きさ	オーブン	210℃に温めておく	下準備
型紙→P.15	焼き時間	3cmシュー 200℃ 10分→180℃ 15分→150℃ 5分	・天板に型紙（P.15）とオーブンシートを敷く
直径3cmのシュークリーム		4cmシュー 200℃ 10分→180℃ 20分→150℃ 5分	・絞り袋に7mm丸口金、細めの星口金、1cm丸口金をセットする
直径4cmのシュークリーム			

材料（ルリジューズ5個分）

 サブレは作りやすい分量で記載しています。その中から必要量を使ってください。

1 サブレ

薄力粉 ・・・・・・・・・・・・・・・・・37g
グラニュー糖 ・・・・・・・・・・・・・22g
無塩バター…26g　1cm角に切り冷蔵しておく
牛乳 ・・・・・・・・9g　冷蔵庫で冷やしておく

2 パータ・シュー

水 ・・・・・・・・・・・・・・・25g　室温に戻す
牛乳 ・・・・・・・・・・・・・・25g　室温に戻す
グラニュー糖 ・・・・・・・・・・・・・2g
塩 ・・・・・・・・・・・・・・・・・・・1g
無塩バター ・・・20g　刻んでから室温に戻す
薄力粉 ・・・・・・・・・15g ┐合わせて2回ふるう
強力粉 ・・・・・・・・・15g ┘
全卵 ・・・・・・60g（L約1個分）　室温に戻す
予備の卵（全卵か卵白） ・・・・・・・・適宜

3 クレーム・パティシエール・ショコラ
〈クレーム・パティシエール〉
（このうち190gを使用）

牛乳 ・・・・・・・・・・・・・・・167g
バニラビーンズ ・・・・・・・・・1/8本
卵黄 ・・・・・・・・・・・・・・・L2個
グラニュー糖 ・・・・・・・・・・・50g
薄力粉 ・・・・・・・・・8g ┐合わせて2回ふるう
コーンスターチ ・・・・3g ┘
無塩バター ・・・・・・・・・・・・・7g

牛乳 ・・・・・・・・・・・・・・・・75g
ココア ・・・・・・・・・・・・・・・・9g
チョコレート ・・・・・・・75g　刻んでおく

4 仕上げ
〈フォンダンショコラ〉

フォンダン（市販） ・・・・・・・・・67g
シロップ ・・・・・・・・・・・・・・・5g
グラニュー糖5g、水4gをレンジで溶かしたものから使用
ココア ・・・・・・・・・・・・・・・・5g
アラザン ・・・・・・・・・・・・・・適量

〈ガナッシュ〉

生クリーム ・・・・・・・・・・・・・30g
水飴 ・・・・・・・・・・・・・・・・・3g
チョコレート ・・・・・・24g　刻んでおく
無塩バター ・・・・・・・・・・・・・6g

1 サブレを作る

①サブレのせシュー・ア・クレーム（P.118）**1**-①〜②の作り方でサブレ生地を作る。

②生地を2等分して直径3cm、4cmの棒状にまとめ、冷蔵庫に入れる。

③切れる固さになったらそれぞれ2mmの厚さにカットして、使うまで冷凍庫に入れておく。

③霧吹きでたっぷり霧を吹きオーブンで焼く（3cmシューは200℃10分→180℃15分→150℃5分　4cmシューは200℃10分→180℃20分→150℃5分）。

←大小のシューを一緒に焼く場合は180℃15分で3cmのシューを先に出し、150℃に下げるタイミングでオーブンに戻す。

2 パータ・シューを作る

①基本のレシピ シュー・ア・ラ・クレーム（P.113）**1**-①〜⑧の作り方でパータ・シューを作る。天板が2枚あれば大小違う天板に絞る。

↓一度に焼けない場合は天板ごと冷凍庫へ。凍ったまま焼いてもOK。

②絞ったパータ・シューの上に同じ直径のサブレ生地（**1**）をのせる。

3 クレーム・パティシエール・ショコラを作る

①基本のレシピ シュー・ア・ラ・クレーム（P.114）**2**-①〜⑦の作り方でクレーム・パティシエールを作る。

②牛乳にココアを入れ、沸騰直前まで温め、泡立て器で混ぜてココアを溶かす（レンジ可）。

↓戻しすぎるとコシがなくなるので注意。

↓はじめは水分が多いが混ぜているうちになじむ。

③刻んだチョコレートに②のココアを加え、混ぜて溶かし、冷ましておく。

④①のクレーム・パティシエールをゴムベラでほぐす。

⑤③のチョコレートを④のクレーム・パティシエールに3回に分けて加え、その都度泡立て器でしっかりと混ぜ合わせる。

4
仕上げ

①冷めたシューの下側に菜箸などで穴を開け、7mm丸口金をつけた絞り袋でクレーム（3）をシューの縁ぎりぎりまで絞り入れる。4cmのシューには約42g、3cmのシューには約25g絞り入れる。

②フォンダンショコラを作る。ボウルにフォンダンショコラの全ての材料を入れ混ぜながら湯せんで温め、塗りやすい固さに調整する。

③大小のシューの上部に②のフォンダンを塗り、大のシューに小のシューを重ねる。

④頭部分にアラザンをのせる。

⑤ガナッシュを作る。小鍋に生クリームと水飴を入れ、火にかけ温める（レンジ可）。

⑥刻んだチョコレートを入れたボウルに⑤を加え、蓋をして蒸らし、溶かす。

↑チョコレートが溶けきらない場合は湯せんで溶かす。

⑦バターを加えて混ぜる。

↓固くしすぎないように注意。

⑧氷水にあてながら混ぜ、柔らかいとろみがついて絞りやすい固さになったら、細めの星口金をつけた絞り袋に入れる。

⑨シューの大小のつなぎ目に、下から上へ襟の模様を絞って完成。

工程が多いので時間はかかりますが、難易度が高いわけではありません。フランスらしい濃厚な味わいは挑戦する価値のある美味しさです。

マカロンのこと

　フランスで作られるマカロンには、マカロン・ナンシーやマカロン・ド・ダミアンなどたくさんの種類があります。この章のマカロンはマカロン・パリジャン、マカロン・ムーと呼ばれるパリスタイルのマカロンです。表面のつるっとした生地の底にピエ(足)があり、クレーム・オ・ブールやガナッシュを挟んだ、カラフルで見た目も楽しいお菓子です。

　マカロン・パリジャンの特徴である表面のツヤとピエを作るポイントは、混ぜ方と乾かし具合、焼き方です。表面のツヤを作るために気泡を一定量残して潰すマカロナージュ(混ぜ方)を行います。潰れた気泡が液状になり、それが乾燥するとツヤのある皮膜になるのですが、このマカロナージュの回数で仕上がりのツヤ、形、食感が変わります。回数が少なければ、ツヤがなくころんとした形に、回数が多くなるほどツヤはあるけれど生地がゆるく、仕上がりは扁平な形になり皮膜が厚くなります。皮膜の厚さで食感にも違いが出ます。

　ピエとは、表面に皮膜ができてから中心部に火が入り、生地が膨張して皮膜を押し上げはみ出して出来た突起状の生地のことを指しますが、このピエを作るためには適度に乾燥させることと焼き方に工夫がいります。コンベクションオーブン(上火下火の調整がなく換気口もないオーブン)で焼く場合は、焼く前に常温で絞った生地を乾燥させる必要があります。天候により変わりますが30分から数時間、生地に触れても指先についてこなくなるまで乾燥させます。焼く時はダンボールを使い火の当たりを調整します。ピエができるまで天板の下にダンボールをあてて下火の当たりを弱め、ピエができたらダンボールを外し、火力を上げて焼き上げます。

　何度か作ってみてどうしてもうまくいかない場合は、フランスの気候のように、湿気の少ない乾燥した良い天気の日に作るようにしてください。

　作り方こそシンプルですが、天候(特に湿度)や素材、製法に影響されるお菓子のため、美味しいマカロンを作るには自分なりの経験値と試行錯誤が必要です。何度もトライして経験値を上げてください。

133

Macaron

基本のレシピ　マカロン

家庭で作れるよう焼き方を工夫したマカロン。カラフルにしたりマーブルにしたり、お好みのクレームやジャムを挟んでバリエーションを楽しんでください。抹茶や桜など、和のテイストともとてもよく合います。

型の大きさ	オーブン	160℃に温めておく	下準備
型紙→P.15 直径3cmのマカロン	焼き時間	130℃　約22分	・天板に型紙(P.15)とオーブンシートを敷く ・天板が2枚あれば天板の内法と同じ大きさのダンボールを用意する ・天板が1枚の場合は天板の外法と同じ大きさのダンボールを用意する　・絞り袋に7mm丸口金をセットする

材料（直径3.5〜4cmのマカロン 約18個分（36枚））

マカロン生地
卵白 ……… 60g　冷やしておく
グラニュー糖 ………… 20g
粉糖 ……… 100g ┐合わせて
アーモンドパウダー60g ┘2回ふるう
食用色素 ………… 適宜

クレーム・オ・ブール(バニラ)
※作りやすい分量(このうち150g使用)
グラニュー糖 ………… 50g
水 ………… 18g
卵黄 ………… 20g
無塩バター ………… 100g
P.86のバターの戻し方を参照

バニラオイル ………… 2滴

①卵白をハンドミキサー(高速)で全体が細かい泡になるまで泡立てる。

↑色をつける場合はここで食用色素を加える。

②グラニュー糖を1/2量加え、ハンドミキサー(高速)でふんわりツノが立つまで泡立てる。

③残りのグラニュー糖を加えさらに泡立てる。ツヤが出てツノの先が少しおじぎをするくらいの固さにする。

④ふるっておいた粉類の1/2量を加える。ゴムベラでざっくりと混ぜ、残りを加え、粉気がなくなるまで切り混ぜる。

⑤カードに持ち替え、ボウル全体に生地を軽く押し広げ底から返し、また広げる(マカロナージュ)。これを7〜8回繰り返す。

⬆生地がカードからゆっくり落ち、跡が徐々に消えてツヤが出る状態になったらマカロナージュ完了。

⑥7mm丸口金をつけた絞り袋に生地を入れ、型紙の上に重ねたオーブンシートに絞り、天板を軽く台に打ちつけ気泡を抜く。

⑦表面に指で触れても生地がつかなくなるまで30分以上乾かしたら、天板2枚の間にダンボールを挟み、オーブンの温度を130℃に下げ焼く。5分したらダンボールと天板を取り除く。

⬆天板が1枚しかない場合は天板の外法と同じ大きさのダンボールを用意して下に敷く。焼き時間はトータルで22分。

⑧さらに6分焼いたら天板の向きを変え、その後11分間焼く。スパテラで生地がすんなりはがせたら焼き上がり。焼き上がったら粗熱を取り、網にのせて冷ます。

⬆スパテラに生地がつくようなら様子を見ながらつかなくなるまで焼く。

⑨基本のレシピ パータ・ボンブベースのクレーム・オ・ブール(P.86)を作り、出来上がりにバニラオイルを加えて混ぜる。

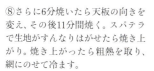

⑩7mm丸口金をつけた絞り袋に⑨のクレームを入れ、マカロンの裏に絞る(1個につき7〜8g)。

⑪もう1枚のマカロンと合わせ少し押さえ、冷蔵庫で冷やして完成。

Macaron
リース

マカロン生地で作るリース。デザインはアイデア次第、直線に絞っても素敵です。色も大きさも自在に作れますので、黒や白でシックにしても。

作り方	**1** リース型のマカロンを作る	**2** クレーム・オ・ブールを作る	**3** 仕上げ

型紙→P.15
リース

オーブン 160℃に温めておく
焼き時間 130℃ 約22分

下準備
・天板に型紙 (P.15) とオーブンシートを敷く
・天板が2枚あれば天板の内法と同じ大きさのダンボールを用意する
・天板が1枚の場合は天板の外法と同じ大きさのダンボールを用意する
・絞り袋に7mm丸口金、星口金をセットする

材料 (直径約12cmのリース3台分)

1 リース型のマカロン

卵白 ・・・・・・・・・・・・・・・60g 冷やしておく
グラニュー糖 ・・・・・・・・・・・・・・・・・20g
粉糖 ・・・・・・・・・・・・・・・・・・・・・100g
アーモンドパウダー ・・・・・・・・・・・・・60g
食用色素 ・・・・・・・・・・・・・・・・・・適量

2 クレーム・オ・ブール

(このうち150gを使用)

グラニュー糖 ・・・・・・・・・・・・・・・・・50g
水 ・・・・・・・・・・・・・・・・・・・・・・18g
卵黄 ・・・・・・・・・・・・・・・・・・・・20g
無塩バター ・・・・・・・・・・・・・・・・・100g
P.86のバターの戻し方を参照
バニラオイル ・・・・・・・・・・・・・・・・2滴

リース　137

1
リース型の
マカロンを作る

①基本のレシピ マカロン(P.134)①〜⑤の作り方でマカロン生地を作る。

②7mmの丸口金をつけた絞り袋に生地を入れ型紙の上に重ねたオーブンシートに底になる二重の円を絞る。

③リースの型紙に合わせてマカロン生地を絞り、天板を軽く台に打ちつけて気泡を抜く。

④生地の表面に指で触れてもつかなくなるまで30分以上乾かしたら、天板2枚の間にダンボールを挟み、オーブンの温度を130℃に下げて焼く。5分したらダンボールと天板を取り除く。

↑天板が1枚しかない場合は天板の外法と同じ大きさのダンボールを用意して下に敷く。焼き時間はトータル22分。

⑤さらに6分焼いたら天板の向きを変え、その後11分間焼く。

⑥スパテラで生地がすんなりはがせたら焼き上がり。焼き上がったら粗熱を取り、網にのせて冷ます。

↑スパテラに生地がつくようなら様子を見ながらつかなくなるまで焼く。

2
クレーム・オ・ブール
を作る

基本のレシピ クレーム・オ・ブールを参照してパータ・ボンブベースのクレーム・オ・ブール(P.86)を作る。

3
仕上げ

①星口金をつけた絞り袋にクレーム・オ・ブール(2)を入れ、リース(1)の底に合わせて絞る。

②上部分のリースをそっと重ね、冷蔵庫で冷やして完成。

138

マカロンクリームのバリエーション

本書ではパータ・ボンブベースのクレーム・オ・ブールを使いましたが、イタリアンメレンゲベースでもあっさりとして美味しいマカロンになります。お好みでどちらでも。

酒粕クリーム
パータ・ボンブベースのクレーム・オ・ブールと酒粕を1：1の割合でよく混ぜる。酒粕が固い場合はシロップを少量加え、レンジで軽く温めクレーム・オ・ブールとなじみやすくすると良いです。

フランボワーズクリーム
パータボンブベースのクレーム・オ・ブールとフランボワーズジャムを1：1の割合で混ぜ合わせて挟むか、クレーム・オ・ブールをドーナツ状に絞り、中心のくぼみにジャムをのせて挟んでも美味しいです。

キャラメルクリーム
パータ・ボンブベースのクレーム・オ・ブールとキャラメルムースで使用したキャラメルクリームを3：1の割合で混ぜる。その他にもクレーム・オ・ブールをベースにいろいろな素材を組み合わせるとオリジナリティーのあるクリームが生まれます。クリームだけを試食した時とマカロンに挟んだ時の味のバランスはかなり違いますので、そこに注意して味を調整するようにしてください。

ちょっと冒険の味を作ってみるのは楽しいものです。その場合言わずもがなですが、まずは少量で試しくださいね。

5つのお菓子の応用編

基本のお菓子が作れるようになったらチャレンジしてほしい、自由な発想の応用編です。
お菓子で好きなものを作ってみませんか。
レシピはあくまでガイドライン。ご自分の工夫次第であっと驚く仕上がりになるはずです。
別世界のお菓子の世界を楽しんでください。

ハリネズミ→P.144

クッション→P.148

プードル→P.150

猫→P.152

金目鯛(煮付け)→P.154

金目鯛→P.154

毒キノコ→P.156

Génoise 応用編

ハリネズミ

香ばしいアマンドショコラをハリネズミにアレンジ。
見た目は可愛いけれどトリプル使いのチョコレートとアーモンドで濃厚な大人の味に仕上げました。

作り方	1 ジェノワーズショコラを作る	2 アマンドショコラを作る	3 シロップを作る	4 ガナッシュを作る	5 仕上げ

マジパンスティックでハリネズミの顔と手を作ります。

型の大きさ 直径12cmの丸型
オーブン 180℃に温めておく
焼き時間 170℃ 約30分

下準備
・マジパンを食用色素で着色し、ハリネズミの顔と手を作っておく
・型に紙を敷く
・アーモンドを180℃のオーブンで10分空焼きをしておく

材料（体長約18cmのハリネズミ1匹分）

1 ジェノワーズショコラ（直径12cm丸型1台分）
- 全卵 …………… 90g 室温に戻す
- グラニュー糖 …………… 43g
- 薄力粉 …………… 38g ┐合わせて2回ふるう
- ココア …………… 5g ┘
- 無塩バター …………… 10g ┐合わせて湯せん
- 牛乳 …………… 8g ┘しておく

2 アマンドショコラ
- グラニュー糖 …………… 25g
- 水 …………… 10g
- アーモンドホール(生) …………… 100g
  180℃で10分空焼きしておく
- 無塩バター …………… 3g
- コーティングチョコレート …………… 100g
- ココア …………… 適量

3 シロップ
- グラニュー糖 …………… 10g
- 水 …………… 15g
- ジンまたはラム酒 …………… 15g

4 ガナッシュ
- 生クリーム ⓐ（脂肪分35〜37%） …………… 25g
- チョコレート（カカオ分50〜60%） …………… 35g
- 生クリーム ⓑ（脂肪分35〜37%） …………… 130g

5 仕上げ
- ココア …………… 適量
- マジパン …………… 120g
- 食用色素 …………… 適量

1 ジェノワーズショコラを作る

① 卵をボウルに入れてほぐし、グラニュー糖を加えてよく混ぜる。

② ①を60〜70℃の湯せんにかける。卵液が40℃になるまで、混ぜながら温める。

③ 湯せんから外し、白っぽくもったりとするまでハンドミキサー(高速)で泡立てる(生地で描いた線が残るくらいまで)。

④ 羽根を1本にして、1分かけて1周低速でミキシング。ミキサーを持つ手は動かさず、ボウルを動かす。

⑤ ふるっておいた粉類をもう一度ふるいながら全て加え、粉気が消えるまでゴムベラで返し混ぜする。

⑥ 熱いバターと牛乳を全体に散らすように加え、バターの筋が消えるまで返し混ぜする(10〜15回)。

⑦ 170℃のオーブンで30分焼く。

⑧ 焼き上がったら少し高い位置から型ごと軽く台に落とし、焼き縮みを防ぐ。紙を持って型から取り出し、紙を外してケーキクーラーの上で逆さまにして冷ます。

↑全体的にきれいな焼き色がついて、手の平で触ると戻ってくるような弾力があり、竹串でさして生地がついてこなければ焼き上がり。

2 アマンドショコラを作る

① 鍋にグラニュー糖、水、空焼きしておいたアーモンドを入れて、強めの中火にかける。木ベラで全体を混ぜる。

② 結晶化したら火を弱め、結晶が溶けてきれいな茶色のキャラメルになるまで加熱し、火を止める。

③ バターを加えて全体にからめ、オーブンシートを敷いたバットに広げて冷ます。

④ チョコレートを60℃の湯せんにかけ溶かす。

応用編 ハリネズミ

⑤冷めたアーモンドを大きめのボウルに入れ、④のチョコレートを少しずつ加える。

↑1回ごとにゴムベラで大きく全体をかき混ぜ、表面が乾いて固まってきたら次のチョコレートを加え、だんだんアーモンドを太らせる。

⑥最後のチョコレートを加えて混ぜたら、完全に乾く直前にココアをまぶし、余分なココアをふるい落とす。

↑アマンドショコラの完成。

3 シロップを作る

①小鍋にグラニュー糖と水を入れ火にかける。沸騰したら火を止めよく混ぜ、グラニュー糖を溶かす（レンジ可）。

②冷めたらジンを加える。

4 ガナッシュを作る

①小鍋に生クリームⓐを入れて火にかけ、沸騰させる（レンジ可）。

②ボウルに入れたチョコレートに①の生クリームを加え、蓋をして2～3分蒸らし、ゴムベラで混ぜて溶かす。チョコレートが溶けきらない場合は湯せんで溶かす。

③別のボウルに生クリームⓑを入れ、ハンドミキサーで6分立てまで泡立てる。

④②の溶かしたチョコレートに③の生クリームをお玉1杯入れ、なじませてから③のボウルに戻し、ハンドミキサーで8分立てまで泡立てる。

5
仕上げ

①ジェノワーズショコラ(1)の上の焼き目を薄く切り落とし、3枚にスライスする。

②ジェノワーズ3枚にシロップ(3)の½量をたっぷりとまんべんなく打つ。

③ボウルにラップをぴったりと敷き、②のジェノワーズ1枚をシロップ面を下にして入れる。上面にもシロップを打つ。

④ガナッシュ(4)の約¼量を入れ、スパテラで平らにならす。

↓残りのガナッシュも冷やしておく。　　↓ガナッシュが固い場合は、生クリームを加えてのばす。

⑤もう1枚のジェノワーズをシロップ面を下にしてのせ、上面にもシロップを打つ。

⑥④と⑤を再度繰り返し、ぴったりとラップをかけ冷蔵庫で2時間冷やす。

⑦冷え固まったらボウルから出し残りのガナッシュを全体に塗り、アマンドショコラ(2)をさしてハリネズミの体を作る。

⑧茶こしでココアをふり、マジパンで作ったハリネズミの顔と手をつけて完成。

Crème au beurre 応用編

クッション

洋服や雑貨もお菓子で作れます。まずはシンプルなクッションから。
ジェノワーズの切り出しでうまくクッションの特徴をつかめば、ほぼ成功です。

作り方	**1** ジェノワーズを作る	**2** クレーム・オ・ブールを作る	**3** 仕上げ

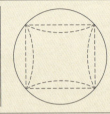

クッションの切り出し方例

型の大きさ 直径12cmの丸型

オーブン　190℃に温めておく
焼き時間　180℃　約28〜30分

下準備
・型に紙を敷く
・絞り袋にモンブラン口金、接続部分の飾り用の好みの丸口金をセットする

材料（約10×6cm・約8×8cmのクッション2個分）

1 ジェノワーズ(直径12cm丸型1台分)
　マスコットプラリネ(P.101)の材料を参照

2 イタリアンメレンゲベースのクレーム・オ・ブール
　※作りやすい分量
　グラニュー糖　‥‥‥‥‥‥‥‥‥‥　67g
　水　‥‥‥‥‥‥‥‥‥‥‥‥‥‥‥　23g
　卵白　‥‥‥‥‥‥‥‥‥‥‥‥‥‥　40g
　無塩バター　‥‥‥‥‥‥‥‥‥‥‥　150g
　　　　P.86のバターの戻し方を参照

1 ジェノワーズを作る

マスコットプラリネ(P.102) **1-①〜⑧** を参照し、生地を焼く。

➤ 焼き色がしっかりとつき、中央を手の平で触ると戻ってくるような弾力感があり、竹串をさして生地がついてこなければ焼き上がり。

2 クレーム・オ・ブールを作る

基本のレシピ クレーム・オ・ブール(P.87)を参照して、イタリアンメレンゲベースのクレーム・オ・ブールを作る。

3 仕上げ

①冷ましておいたジェノワーズを半分の厚みに切り、四角くカットする。四辺を丸型などでくり抜く。

②切り口をハサミで斜めに切り落としてクッション型に整える。この時、上面の焼き目を取っておく。

➤ 2つのクッションを作る時は大きさや形を変えるとバランスが良いです。

③クレーム・オ・ブール(2)を全体に塗る。網目状のネットなどをのせ、クリームを上から少し足してスパテラでならした後、網をそっと外し模様をつける。

④冷蔵庫で冷やし、クリームを落ち着かせてからトレイなどに移す。

➤ 最終工程の後は移すことができないので、ここで何にのせるか決めること。

⑤ケーキの四つの角にモンブラン口金でタッセルを絞り、接続部分には好みの丸口金で飾りを絞る。冷蔵庫で30分以上冷やして完成。

応用編 クッション 149

Génoise 応用編

プードル

くろねこ軒の看板ケーキ。星口金は大小を使い分けるとより立体的に仕上がります。
リードや首輪をマジパンで作るのもおすすめ。コッカーやシーズーもこの作り方で作れます。

作り方	**1** ジェノワーズを作る	**2** クレーム・オ・プールを作る	**3** 仕上げ

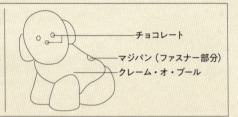
- チョコレート
- マジパン（ファスナー部分）
- クレーム・オ・プール

型の大きさ
直径12cm丸型

オーブン 190℃に温めておく
焼き時間 180℃ 約25分

下準備
・型に紙を敷く
・絞り袋に大小星口金をセットする
・3mm丸口金またはコルネ（P.14）を準備する

材料（高さ約18cmのプードル1匹分）

1 ジェノワーズ（直径12cm丸型2台分）
全卵 ‥‥‥‥‥ 180g 室温に戻す
グラニュー糖 ‥‥‥‥‥ 90g
薄力粉 ‥‥‥‥‥ 90g 2回ふるう
無塩バター‥‥40g 湯せんしておく（レンジ可）

2 イタリアンメレンゲベースのクレーム・オ・プール
グラニュー糖 ‥‥‥‥‥ 67g
水 ‥‥‥‥‥ 23g
卵白 ‥‥‥‥‥ 40g
無塩バター ‥‥‥‥‥ 150g
P.86のバターの戻し方を参照
着色用のココア、コーヒー、食用色素など
‥‥‥‥‥ 適量

3 仕上げ
マジパン ‥‥‥‥‥ 適量
チョコレート ‥‥‥‥‥ 適量

1
ジェノワーズを作る

マスコットプラリネ(P.102) **1**-①〜⑧を参照し、生地を焼く。

⬆ 焼き色がしっかりとつき、中央を手の平で触ると戻ってくるような弾力感があり、竹串をさして生地がついてこなければ焼き上がり。

2
クレーム・オ・ブールを作る

基本のレシピ クレーム・オ・ブール(P.87)を参照して、イタリアンメレンゲベースのクレーム・オ・ブールを作る。

3
仕上げ

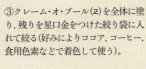

③クレーム・オ・ブール(**2**)を全体に塗り、残りを星口金をつけた絞り袋に入れて絞る(好みによりココア、コーヒー、食用色素などで着色して使う)。

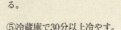

①冷ましておいたジェノワーズをカットして大型にし、平らなトレイなどの上に組み立てる。

②クレーム・オ・ブールを接着剤のように使い立体にしていく。面取りや肉付けをして犬の形に近づけていく。

④服を着せる場合は色を変えて服を絞り、細かいパーツはマジパンで作る。

⑤冷蔵庫で30分以上冷やす。

⑥チョコレートで目と鼻を作り、ケーキに飾って完成。

応用編 プードル　151

Génoise 応用編

猫

中にフルーツを挟むと一層美味しくなります。難しければ添えて一緒に召し上がってください。
ジェノワーズショコラとガナッシュで作れば黒猫に変身！

作り方	**1** ジェノワーズを作る	**2** 仕上げ

型の大きさ 直径12cmの丸型	オーブン 190℃に温めておく 焼き時間 180℃ 約28〜30分	下準備 ・天板に紙を敷く

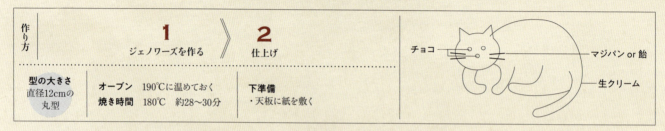

材料（約15cmの猫1匹分）

1 ジェノワーズ(直径12cm丸型1台分)
マスコットプラリネ(P.101)の材料を参照

2 仕上げ
生クリーム ・・・・・・・・・・・・・・・・・・ 200g
※猫の大きさによって生クリームの量は増減する
グラニュー糖・・20g(生クリームの10%の量)
コーティングチョコレート ・・・・・・・・ 適量
マジパン ・・・・・・・・・・・・・・・・・・・・・ 適量
市販の透明な飴・・・・・・・・・・・・・・・ 適量
食用色素 ・・・・・・・・・・・・・・・・・・・・ 適宜

1 ジェノワーズを作る

マスコットプラリネ(P.102) **1**-①〜⑧ を参照し、生地を焼く。

2 仕上げ

①冷ましておいたジェノワーズ(**1**)を猫型にカットし、平らなトレーの上に組み立てる。

②生クリームをボウルに入れ、氷水にあてながら8分立てに泡立てる。

③ ②のクレーム・シャンティーをスパテラで全体に塗る。毛の流れを竹串などを使って描く。

④冷蔵庫で30分冷やす。

⑤鼻と目はコーティングチョコレート、ヒゲはマジパンまたは飴で作る。飴の場合は、透明な色の飴を砕いて190℃のオーブンで熱してヒゲを作る（必要であれば食用色素で着色する）。

応用編 猫

Mousse 応用編

金目鯛

出目金を作っていたのがいつのまにか金目鯛になり最後には煮付けてしまいました。
自分で型を作ればどんな魚でも出来ると思います。

作り方	1 バニラムースを作る	2 上掛けゼリーを作る	3 飴の尾びれ・背びれ・エラを作る	4 仕上げ

型の大きさ 約18cm魚型

下準備
・アルミホイルや金網などで魚型を作り、ネットや網を敷く
・コーティングチョコレートがタブレットでない場合は湯せんで溶かし、コルネに入れて目の形に絞り冷蔵庫で冷やしておく
・絞り袋に4mm丸口金をセットする、またはコルネ(P.14)を準備する

型の一例

材料（約22cmの金目鯛1尾分）

1 バニラムース
- 生クリーム ‥‥‥‥‥‥‥‥‥ 83g
- 牛乳 ‥‥‥‥‥‥‥‥‥‥‥ 27g
- 卵黄 ‥‥‥‥‥‥‥‥‥‥‥ 7g
- グラニュー糖 ‥‥‥‥‥‥‥ 17g
- ゼラチン ‥‥ 2.5g 水につけて戻しておく

2 上掛けゼリー（薄い色のゼリー）
- 水 ‥‥‥‥‥‥‥‥‥‥‥ 10g
- フランボワーズジャム ‥‥ 5g 裏漉しする
- ゼラチン ‥‥ 0.7g 水につけて戻しておく

上掛けゼリー（濃い色のゼリー）
- 水 ‥‥‥‥‥‥‥‥‥‥‥ 2g
- フランボワーズジャム ‥‥ 10g 裏漉しする
- ゼラチン ‥‥ 0.6g 水につけて戻しておく

上掛けゼリー（透明のゼリー）
- 水 ‥‥‥‥‥‥‥‥‥‥‥ 10g
- グラニュー糖 ‥‥‥‥‥‥ 1g
- ゼラチン ‥‥‥‥ 1g 水につけて戻しておく

3 飴の尾びれ・背びれ・エラ
- 市販の赤い飴 ‥‥‥‥‥‥ 適量

4 仕上げ
- コーティングスイートチョコレート（タブレット）‥‥‥‥‥‥‥‥‥‥‥ 適量

身を切り取り、キャラメルソース(P.64)を上からかけると煮付け風に。

1 バニラムースを作る

①基本のレシピ バニラムース(P.56)の作り方①〜⑧でバニラムースを作る。

②魚の型にムースを流し入れ冷やし固める。

↑目と口の部分に使用する少量は残しておく。

2 上掛けゼリーを作る

水とジャム(透明のゼリーの場合はグラニュー糖)をボウルに入れる。水気を切ったゼラチンを加えて湯せんにかけ、よく混ぜ溶かし、氷水にあてて塗りやすい固さにする(レンジ可)。
※作り方は3種とも同様。

↓型紙を作りオーブンシートの下に敷くと良い。

3 飴の尾びれ・背びれ・エラを作る

①赤い色の飴を砕き、オーブンシートの上に尾びれ・背びれ・エラを作り、190℃のオーブンで柔らかくなるまで熱する。

②熱いうちに形を整える。

4 仕上げ

①冷やしておいたムース(1)を裏返して平らなトレイなどにのせ、尾びれ・背びれ・エラ・口の部分にナイフで切り込みを入れる。

②残しておいたムースを4mm丸口金で目の部分に丸く絞り、丸いタブレットチョコレートの目をのせて軽く押さえる。唇も同様にムースを絞る。

③濃い色のゼリーをハケなどで部分的に塗る。

④薄い色のゼリーを上から流す。

↑目の部分には流さないように注意。

↓飴は湿気やすいので飾ったら早めに召し上がってください。

⑤目に透明のゼリーを刷毛で塗る。

⑥切り込みを入れた部分に冷ました飴をさす。エラには余った飴で作った支えをさし込み立体的にする。好みでゼリーを塗り着色して完成。

応用編　金目鯛　155

Macaron 応用編

毒キノコ

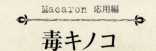

マカロンの形状とメレンゲの絞りを活かした焼き菓子。
このキノコにアイスクリームや生クリームをのせて食べると止まらない美味しさです。

| 作り方 | 1 2色のマカロンを作る | 2 メレンゲを作る | 3 仕上げ |

| 型の大きさ
型紙→P.15
直径5.5cmの
マカロン | オーブン　170℃に温めておく
焼き時間　130℃　約25分（マカロン）
　　　　　100℃　約1時間（ヒダ・軸） | 下準備
・天板に型紙（P.15）とオーブンシートを敷く
・天板が2枚あれば天板の内法と同じ大きさのダンボールを用意する
・天板が1枚の場合は天板の外法と同じ大きさのダンボールを用意する
・絞り袋に7mm丸口金、8mm丸口金、片目口金をセットする
・絞り袋に3mm丸口金をセットする、またはコルネ（P.14）を準備する |

材料（直径5.5cmのキノコ9個分）

1 2色のマカロン
卵白・・・・・・・・・・・・・・・・60g　冷やしておく
グラニュー糖・・・・・・・・・・・・20g
粉糖・・・・・・・・・・・100g ┐合わせてふるい、
アーモンドパウダー・・60g ┘½量ずつに分ける
食用色素・・・・・・・・・・・・・・・・適量

2 メレンゲ
卵白・・・・・・・・・・・・・・・・・・30g
グラニュー糖・・・・・・・・・・・・30g
粉糖・・・・・・・・・・・・・・・・・・30g

1 2色のマカロンを作る

①卵白をハンドミキサー(高速)で全体が細かい泡になるまで泡立てる。

②グラニュー糖を½量加え、ハンドミキサー(高速)でふんわりツノが立つまで泡立てる。

↑固くならないように注意。

③残りのグラニュー糖を加えさらに泡立てる。ツヤが出てツノの先が少しおじぎをするくらいの固さにする。

④③を半量ずつに分け、それぞれに好みの食用色素を加え、ゴムベラで均一になるまで混ぜる。

⑤2つに分けておいた粉類を④にそれぞれ加え、粉気がなくなるまで切り混ぜする。

⑥カードに持ち替え、ボウル全体に生地を軽く押し広げ底から返しまた広げる(マカロナージュ)。これを6〜7回繰り返す。

⑦2種の生地をどちらも少量ずつ残し、7mm丸口金をつけた絞り袋に入れ、型紙の上に重ねたオーブンシートに絞る。

⑧⑦で取り分けておいた生地を3mm丸口金をつけた絞り袋に入れ、水玉模様をつける。

⑨基本のレシピ マカロン(P.135)の作り方⑦〜⑨と同様に、130℃のオーブンでマカロンを焼く。焼き時間は基本のレシピと異なり、トータル25分。5分したらダンボールと天板を取り除き、さらに6分焼いたら天板の向きを変え、その後14分焼く。

2 メレンゲを作る

①基本のレシピ マカロン(P.134)の①〜③の作り方でツヤが出てツノの先が少しおじぎをするくらいの固さのメレンゲを作る。

②粉糖をふるい入れてゴムベラでさっくりと切り混ぜをする。

3 仕上げ

①メレンゲ(2)を片目口金をつけた絞り袋に入れ、マカロン(1)の裏にヒダを絞る。

↓キノコの軸は円錐型に絞る。

②8mm丸口金をつけた絞り袋にメレンゲ(2)を入れ、天板に敷いたオーブンシートにキノコの軸を絞る。

③カサの部分は100℃のオーブンで約1時間焼く。軸の部分はプラス10分〜20分焼く。冷めたら①のヒダの中央に竹串などで穴を開け、②の軸をさして完成。

PATISSERIE Kuronekoken くろねこ軒のこと

interview

くろねこ軒のあしあと

ショーケースのない お菓子工房

東京・国分寺の住宅街の中にひっそりと建つ、白い壁の古い一軒家。黒猫の顔が描かれた控えめな看板を見逃すと、うっかり通りすぎてしまいそうなこの家がお菓子工房「くろねこ軒」です。

ドアの前に置かれた木のボードは、大抵〝CLOSE〟。でも不思議とその家の周りには、お菓子の焼ける香ばしい匂いが漂います。時々甘い香りとともに賑やかな笑い声が聞こえてくることもあります。

ここ、「くろねこ軒」が他の洋菓子店と違うのは、工房の中にショーケースがないこと。店先で売れるのを待っているケーキはひとつもありません。

お菓子は全て、注文を受けてから作るオーダーメイドや月はじめに受け付ける予約のみ。それは店主の「くろねこ軒のお菓子を食べたいと思ってくれた、たった一人のために作りたい」という想いから。その考えはお店をはじめた頃から今も変わりません。

ネットショップでのお菓子の予約の受付は月に2日間だけ。毎月くろねこ軒の店主とスタッフが頭を悩ませて作る8種類の季節のお菓子が並びます。

春はいちごやフランボワーズ、夏はパイナップルやマンゴーなどのトロピカルフルーツ、秋はこっくりとした甘さの和栗やかぼちゃ。そして冬はクリスマスのシュトーレン。天然酵母を使った生地に青いケシの実やスパイスを練りこみ、ざくざくとした食感に仕上げるのがくろねこ軒流。お正月には味噌や抹茶など、和の素材も登場します。

どの季節にも心がけていることは、その時期にしかないフルーツ（それも国産で美味しいと認めたものだけ）を使うこと。バラエティに富んだ食感や味わいにすること。毎月注文するお客様にも喜んでもらえるように新しいメニューも加わります。

注文したお菓子が届く日を指折り待って、ようやく味わえるくろねこ軒の味は、食べた人の多くが〝美味しくてちょっとびっくりした〟と言います。

パンから始まった 「くろねこ軒」

お菓子を作っているのは、パティシエールの池谷信乃さん。この小さな工房の住人でもあり、くろねこ軒の店主です。

池谷さんがお菓子づくりをはじめたのは、今から30年ほど前のこと。それまで勤めていたCM制作会社を辞めることになり、同時期に家族が山梨県・清里でオープ

ンさせたゲストハウスに移り住んだことがきっかけでした。

　ゲストハウスを作ることが夢だったという池谷さんのお母様も、実はかなりの料理好きで、そのために50歳でフレンチレストランに修業に入ったというから驚き。

「私に任されたのはパンとデザート。その頃は時間が余るほどあったから、たくさん本を読んだり、近所でパン作りをしている人に聞いたりしていろいろ研究をしました。失敗しても、実験みたいに焼き上がりのデータを取りながら夢中で焼いて。そうしたら次第にみんなが美味しいと言ってくれるようになったんです。自分が作ったもので人に喜んでもらえることがこんなに嬉しいんだと初めて知りました」

　ほどなくして、池谷さんは清里を離れ、また東京へ。彫刻家のご主人と結婚して新居を構えた国立で、今度は小さな喫茶店に勤めます。駅前のブランコ通りにあったというその古い喫茶店では、コーヒーを淹れながら、お客さんに自作のケーキを出すのが池谷さんの仕事でした。

　味に厳しい店主のお眼鏡にかなったのは、〝カナディアンキャロットケーキ〟。その喫茶店のコーヒーに合うものを、と思い選んだケーキは、レーズンやくるみ、パイナップルなどがぎっしり詰まったスパイシーな味わいで、レシピはお母様から受け継いだものでした。

　ほかにも日替わりでお菓子を出すうち、喫茶店に通う人たちの間でその味が評判になり、さまざまな場所からお菓子を置かないかという声がかかるようになります。渋谷や表参道など都内のカフェやレストランから、自然食品のお店や大学のカフェまで。特にその後約10年もお付き合いが続いたという津田塾大学のカフェテリアには、毎日欠かさず数種類のお菓子を届け、ほかにも、声がかかればイベントへも出店。まさにお菓子づくり一色の日々を送っていました。

お菓子教室をはじめよう

　当時、お菓子づくりに追われる多忙な毎日を過ごしていた池谷さんに、ひとつの転機が訪れます。それは国分寺への引っ越し。かねてから、いつかはお菓子教室ができるような、1階部分が広い家に引っ越したいと思っていて偶然見つけたその一軒家が、現在のくろねこ軒です。

　この国分寺の家で、池谷さんは家の売主である女性の強いすすめを受けてお菓子教室をはじめます。今や国分寺や国立などの近隣だけでなく、千葉や神奈川、遠方だと

PATISSERIE Kuronekoken

大阪からも通う生徒がいるほど人気の教室ですが、はじめは10人ほど。
「その売主の方に、ここで将来的には教室をやりたいと話したら、すごく応援してくださって。私が生徒さんを集めてあげるからと言われて二つ返事ではじめました。先生になるなんて考えもしなかったし、まだ若かったから迫力もなくて、見学に来た生徒さんに先生だと気づいてもらえなかったりしてね。自分自身がケーキを教わってこなかったし、教えられるレシピも少なかった」

この教室で池谷さんは、のちに一緒にくろねこ軒を運営することになる加賀屋さん、内野さんと出会います。加賀屋さんは手先がとても器用でしっかり者。技術がないと美しい形に焼き上がらないマカロンは、今や加賀屋さんの専任です。内野さんは元パン教室の先生。月1回工房前で開催するマルシェ（今後の開催は不定期）で売るパンは、内野さんの仕事です。

元生徒の2人から聞く初期の頃の池谷さんのお菓子教室は、一言でいうと〝スパルタ〟。

今はまるくなったのよ、と笑いながら話す池谷さんですが、当時、教室で作るお菓子への評価もとても厳しく、生徒さんでも一切妥協はなかったそう。
「私が教室で伝えたいことは、やっぱり、自分の手で作って美味しくできた時の感動なんです。失敗なんて当たり前。努力した工程も含めてお菓子づくりは楽しいものだってことを知ってもらいたい」

池谷さんが教えたいお菓子の普遍のテーマは、「自分の家の台所で作れる、本当に美味しいお菓子」。家で作った焼きたてのお菓子を頬張る時の幸せをひとりでも多くの人に伝えたい。それが自分の仕事だと

思っています、と池谷さんは話します。

そんな池谷さんと、2人を含めた教室に通う生徒との関係性が変わり始めたのは、とあるイベント。
「13年くらい前に参加した立川のイベントで、出店期間はなんと9日間。自分ひとりではどう考えても間に合わなくて、初めて生徒さんに協力をお願いしたんです」

それまで、たったひとりでお菓子を作り続けてきた池谷さんにとって、誰かに任せるということ自体がかなりの冒険。
「もともと人にお願いすることが苦手で、頼んではみたもののいつでも作り直しが出来るようにその分の材料をこっそり揃えて

163

いました（笑）。今考えると、誰かを信頼するということが上手にできなかったんですよね」

そのイベントでは、加賀屋さんはウィークエンドとダックワーズ、内野さんはマドレーヌとゼリーを担当。先生から初めてのお願いをされた生徒たちは一生懸命お菓子を作り、力を合わせてこの大きなイベントを成功させます。

「作ったら作った分だけどんどん売れて、本当に大忙しの9日間でした。一度買いに来てくれた人がその後何度も来てくれたり」と内野さん。

「2人はもちろん、みんなの頑張りを目の当たりにして考え方が変わりました。例えば万里ちゃん（加賀屋さん）の器用さは、私のお菓子づくりそのものを変えてくれた。私は割と大雑把だけど、彼女は本当に細やかでキッチリやらないとダメな人。お菓子づくりにおいてそれはとても大切なことで、自分もそうしなくちゃと思うんです。圭ちゃん（内野さん）はおっとりして見えるけれどとても頑張り屋さん。本当に

心が優しくて、一つのことに全力で取り組む人。イベントの時も泣きながら最後まで一緒に走ってくれた」

「イベントの手伝いをしていた時、信乃さん（池谷さん）は本当に寝る暇もなくお菓子を焼いていて。"私、靴下を脱ぐと寝ちゃう"と言っていたから、夜中、オーブンの前で靴下を脱ごうとする信乃さんを必死で止めたりしましたね（笑）」と内野さん。

そこから、池谷さんが加賀屋さん、内野

さんを誘う形で、今のくろねこ軒が出来上がります。性格も考え方も全く違う3人が作る味。それがくろねこ軒のお菓子の美味しさを形作っているのです。

お菓子を学びに
フランスの地へ

「突然、フランスに行くと聞いて驚きました。でもさすがの行動力だなと思いましたね」と話すのは加賀屋さん。

今から10年ほど前、くろねこ軒としての活動も軌道に乗り落ち着いてきた頃、池谷さんは本場のお菓子づくりを学びにフランスへ渡ります。

「単純に人からお菓子づくりを教わるということがどういうことなのか知りたかったのと、今まで自分のやってきたことが正しかったのか確かめたかった」と池谷さん。フランス語はお菓子の用語を知っている程度。世界各国からお菓子職人が集まる製菓学校ベルエ・コンセイユの門を叩き、フラ

ンスらしい華やかなアントルメからショコラの作り方まで、朝から晩までお菓子づくりに励みます。

「フランス人の先生にわからないことを聞いたら、〝そんなこともわからないのか〟と言われて、〝知りたいからここに来てる！〟と日本語で怒り返したりしてました。でも、教わることが純粋にすごく楽しかった。その場にいるだけで驚くような美味しさに出会えるし、お菓子を作るってやっぱりすごく楽しいことなんだと再認識出来たことは本当に大きかったです」

もう一つ感じたのが、文化の違いから生まれる味覚の違い。

「技術的なことをいうと、フランスも日本もやり方に特に変わりはないの。ただ、気候や食文化そのものが違うから、フランス人が美味しいと思うものと日本人が美味しいと思うお菓子は全く違うんです。留学中500ほどレシピを教わったけれど、私が一番感動したのは、〝パン・ド・ジェンヌ〟という古典菓子。とっても美味しいのに、フランスでは今はあまり人気がない。シンプルな味わいで日本人の口に合う味なんです。例えば、果物一つとっても日本のものはすごく水気が多くて、この果物を使うだけでフランスで味わうお菓子のようには仕上がらない。でも、日本の果物はその水分が美味しいんですよ。フランス菓子は素晴らしいけれどそこを頂点とはせずに、日本人らしい感覚をプラスしながらお菓子を作り続けたいなと思いました」

ショーケースのないお菓子工房、くろねこ軒は今年で25年目を迎えます。

池谷さんのお菓子を食べて、幸せな気持ちになった人々との出会いを幾度となく重ねながら、くろねこ軒は少しずつ変化し続けてきました。

くろねこ軒のこれからはどうなりますか？と尋ねると、「まだ、全然わからない」と茶目っ気たっぷりに池谷さんは答えます。

どんな形であっても池谷さんがいる限り、また「美味しくてびっくり」なお菓子が味わえることはきっと間違いないのです。

PATISSERIE Kuronekoken

お菓子教室のこと

ろねこ軒のお菓子教室は、フランス菓子を基本とした洋菓子を家庭で作ることを目的とした教室で、初級・中級・研究科と3つのレベルにクラスが分かれています。レッスンは月に1回です。

入会ご希望の方にはメールか電話で申し込んでいただいた後、こちらから簡単な入会案内をお送りいたします。それを読んでいただき、お月謝のこと、室内に動物がいる旨などこちらのシステムをご了承いただいた方に入会をしていただいています。ちょっと面倒なシステムですが、自宅を教室にしているので来られる方も迎える側もどちらも気持ちよく過ごせるようにとの思いです。

メニューにより2〜3名で作業します。ほとんどの工程に触れてもらうので見ているだけというレッスンは少ないです（例外的にデモンストレーション形式のメニューもあります）。

6回1クールなので、基本的には6回通っていただくと6つのパータ（生地）が学べます。そのあとのパータは繰り返しになったり新しいパータが出て来たりします。まったく同じメニューは出て来ませんので常に新しいレシピを学ぶことになります。6回通っていただいたらその後は続けて通うのも退会するのも自由です。

まずは初級クラスに入会していただきます。まったくお菓子を作った経験のない方には少々難しいレシピも出て来ますが、お菓子は繰り返しの動作が多いので作っているうちに慣れてくる方がほとんどです。そのあと中級〜研究科と進みます。レベルが

上がるに従い、基本的なパータやクレームは私が説明せずに生徒さんがご自分で作っていくことが増えますし、製法を変えて比較したりレシピを考える実験的なレッスンも増えていきます。研究科のレッスンではかなり難易度が高いメニューもありますが、段階を踏んでいくので確実に出来るようになっていきます。どのクラスも良い方ばかりでお菓子を学ぶ和やかで楽しい時間を過ごしていただけます。

ここから新しいクラスの新設を計画中なのでそのお知らせを。

これまでは上記の形式をとってきましたが今後は1dayクラスをはじめようと思っています。遠方の方、6回通うのが難しい方、決まったお菓子を繰り返し学びたいという方のために、1回のみで参加できる形式です。具体的な日時はまだ未定ですが詳細が決まりましたらHPのレッスンの頁やブログ、インスタグラムでお伝えしますのでご覧ください。本書のレシピは出来るだけ丁寧に説明しましたが、文字数や載せられる写真の数に限りがあり、伝えきれなかった部分があるかもしれません。何度か作ってみて上手くいかない、または実際に作ってみたい方はお菓子教室にぜひお越しください。

入会ご希望の方は
お電話 (042-349-6194) または
メール cakelesson@kuronekoken.com で入会案内をご請求ください。
※大変申し訳無いのですが入会ご希望時に満席の場合はお断りさせていただくこともございます。

オーダーメイドのこと

これまでお受けしたオーダーのなかで印象に残っているものは、すんなり出来上がったお菓子ではなく、苦労して泣きたくなったお菓子ばかりなのはなぜでしょう。フルオーダーは変わったものが多く、常に新しい挑戦になります。同じものを作ることはまずないので、ご注文をいただくと、昔は図書館、今はパソコンで、ご要望いただいた〝そのもの〟の形態を調べるところからはじめます。バッファロー、オカメインコ、汽車、車、バレエのチュチュ……、私のパソコンの検索履歴は多岐にわたります。

泣きたくなったり、始めはどうなることかと思っても、作っていくうちに楽しくなってくるのも不思議です。知恵を絞って頭も手もフル回転でその1台に集中できる時間は、お菓子屋として相当に幸せなひとときなのかもしれません。そして、作り終わった後の解放感も相当なものです。

フルオーダーのケーキは何回かやりとりをして理想のケーキを一緒にいろいろ考えるのですが、オーダーを終えて出来上がるまでの時間もワクワクしてとても楽しかったと言ってもらえることが多いです。オーダメイドには、そんなおまけもついてくると思っています。

オーダーというと、上記のようなフルオーダーやウェディングなど、何か特別なものと思われるかもしれませんが、もっと気軽なオーダーも承っております。お誕生日や贈り物に、お好きなお菓子を作らせていただきます。メールまたはお電話でお問い合わせください。

PATISSERIE Kuronekoken

ビール好きなお友達への贈り物。甘酸っぱい味がお好きだとうかがってレモンカード入りのロールケーキをジョッキ仕立てに。

いちごのタルト。旬のフルーツをいっぱい使ってくださいというご注文です。

ベビーシューズ。色もピンク、ブルー、イエローなど好きなものでオーダーできます。飾りと割り切ると何年でも置いておけます。出産祝いなどにも。

お母様のチェリーパイが食べたいけれどもう天国にいってしまったという男性からご注文をいただきました。お母様の味には及ばないけれどせめて焼きたてを、とお受け取り時間に焼き上げました。

20歳のお誕生日のお兄ちゃんと飼い犬のサンちゃん。一緒に大きくなった2人の間にはやさしい時間が流れています。

バッファロー。なぜバッファローなのかを書くと文字数が足りません。とにかくバッファロー。しかも女の子です。

お菓子記録ノート

日付			天気	気温
年 月 日( )				

お菓子の名前

型の大きさ	オーブンの温度	焼き時間

日付			天気	気温
年 月 日( )				

お菓子の名前

型の大きさ	オーブンの温度	焼き時間

日付			天気	気温
年 月 日( )				

お菓子の名前

型の大きさ	オーブンの温度	焼き時間

日付			天気	気温
年 月 日( )				

お菓子の名前

型の大きさ	オーブンの温度	焼き時間

日付			天気	気温
年 月 日( )				

お菓子の名前

型の大きさ	オーブンの温度	焼き時間

日付			天気	気温
年 月 日( )				

お菓子の名前

型の大きさ	オーブンの温度	焼き時間

How to order

まずはお電話かメールでご相談ください。

その際に必要な情報は

● お客様のお名前とお電話番号
● お菓子が必要な日時
● お受け取りのお時間
● お菓子の種類
　（決まっていない場合は大まかなご希望を。相談して決めることも出来ます）
● お菓子の大きさ（召し上がる方の人数）
● バースデーケーキの場合はお誕生日の方のお名前

HPのオーダーの頁に代表例の価格が掲載されていますのでご参照ください。
フルオーダーメイドのお菓子はひとつひとつ価格が変わります。
ご希望を伺ったあと大体の金額をお知らせさせていただきます。
＊ご注文の内容によって、作ってみないと正確な価格が出せない場合もあります。
ご相談は無料ですのでお気軽にどうぞ。
☎042-349-6194
order@kuronekoken.com

Shop

毎月1・2日にkuronekoken.comのSHOPの頁でONLINESHOPを開店致します。
月替わりで季節にあった8種類の焼き菓子、コンフィチュールなどが並びます。
お受け取り方法は店頭または発送をお選びいただけますので、遠方のお客様もご利用いただけます。
お受け取りの日にちは毎月異なった指定日となりますので、ご利用の際はご確認の上ご注文ください。
SHOPは売り切れ次第CLOSEとなります。
shop@kuronekoken.com

おわりに

この本を手に取ってくださって、ありがとうございました。
現代ではプロが作った美しく美味しいお菓子を手軽に買うことが出来て、それは特別なことではなくなっていると思います。
自分でケーキを1台作るのは、材料も労力も時間もかけなくては出来ないこと。
買った方が早いのに、なぜ自分で作るのか？
それは、創造する時間そのものが（苦労も含めて）とても楽しい時間であり、そして思い通りに出来た時の達成感、食べた時の満足感、差し上げた方が喜んでくれた時の充実感……、そのどれもが、買うよりも作った方がずっと深く感じられるからではないでしょうか。

生地を焼いている間の甘い香りも、絞り袋を構えた時の緊張感も、自分で作らなかったら味わえないもの。
簡単なクッキーなどに比べたら、生のアントルメは工程も多くハードルは高いです。
だからこそ出来た時の幸福度はものすごく大きい。
お菓子づくりに興味を持って、作ってもらって、この幸せな気持ちを感じてもらえたら。
お菓子づくりの楽しさを皆さんと共有出来たら。
それほど嬉しいことはありません。

これまで数えきれない程のオーダーケーキを作ってきました。
どうやったらその形を表現できるかと突き詰めて考えれば、ケーキで出来ない形はほぼないと思います。
「美味しい」という基本さえぶれなければ、いろいろな展開は無限大。
ぜひ、アイデアとセンスで自分だけのSPECIALを作っていただきたいと思います。

最後に、この本を一緒に作ってくれたけやき出版の後藤さん、野村さん、カメラマンの岩澤さん、万里さん、圭子さん、皆さん、本当にありがとうございました。
支えてくれた夫と犬、猫たちにも感謝しています。一緒に1冊の本を作っている時間、大変だったけれど、私は本当に楽しかった。その大変さと楽しさを皆さまにお届けできますように。

2019年11月　お菓子工房くろねこ軒　池谷 信乃

お菓子工房 くろねこ軒
店主 池谷 信乃
Shino Iketani

神奈川県出身。恵泉女学園短期大学を卒業し、
広告代理店勤務後にショーケースのないお菓子工房くろねこ軒を開店。
オーダーメイドを中心に、喫茶店やカフェ、レストラン、雑貨店などへの卸しも行う。
自宅兼工房で行うお菓子教室も主宰。
著書に『くろねこ軒の焼き菓子Recette』(けやき出版)、
『くろねこ軒のさくさく、ほろほろ欧風クッキー』(株式会社マイナビ)がある。

お菓子工房 くろねこ軒
〒185-0004 東京都国分寺市新町3-26-28
TEL/FAX 042-349-6194
(受付時間平日9:00〜18:00 不定休 作業中は留守番電話が対応します)
https://kuronekoken.com/

くろねこ軒の
本当に美味しいBASIC とっておきのSPECIAL

発行日	2019年12月24日 第1刷発行
著者	お菓子工房 くろねこ軒 池谷 信乃
発行者	小崎 奈央子
発行所	株式会社けやき出版 〒190-0023 東京都立川市柴崎町3-9-6 高野ビル TEL 042-525-9909 FAX 042-524-7736 https://www.keyaki-s.co.jp
編集	後藤 藍子 / 野村 智子
撮影	岩澤 修平
デザイン・DTP	ササキ サキコ
制作アシスタント	加賀屋 万里 (くろねこ軒) 内野 圭子 (くろねこ軒)
小物協力	caikot
印刷所	株式会社サンニチ印刷

ISBN978-4-87751-601-7 C2077
©KURONEKOKEN 2019, Printed in Japan